Käfer

Käfer

Einfach gut essen

Collection Rolf Heyne

Michael Käfer

Einfach gut essen

Mit 90 Rezepten von Volker Eisenmann

Fotografie von Luzia Ellert (Food)
und Rainer Herrmann

Collection Rolf Heyne

Käfer

Inhalt

»Alles ist eine Frage der Qualität, ganz gleich ob es sich um Lebensmittel, um Ambiente oder um Service handelt.«

Michael Käfer

Jean-François De la
SAINT EMIL

Michael Käfer

»Manche Menschen denken bei dem Namen »Käfer« an unser Unternehmen, an Feinkost, gutes Essen und Trinken …«

Käfer

Eine Münchner Erfolgsgeschichte

Käfer zu heißen ist eine zwiespältige Sache, Käfer zu sein mal Last, mal Vergnügen. Beides amüsiert mich, macht mich auch ein wenig nachdenklich. Der Name ist einprägsam, wenn auch nicht weit verbreitet und geografisch nicht zuzuordnen. Käfer gibt es überall, es scheint, als hätte das Naturgesetz auch die Namensgebung für Menschen übernommen und Käfer über das ganze Land verteilt. Sehr spärlich zwar, aber immerhin. Doch die meisten Menschen assoziieren mit dem Namen in erster Linie jenes legendäre Auto: den VW Käfer, der so deutsch war, wie ein Auto nur deutsch sein konnte, und der in seinem Purismus und seiner Bescheidenheit in Design und Technik nicht nur Kult, sondern längst ein Nationaldenkmal geworden ist. Andere denken bei den Namen an den Maikäfer, ein liebenswertes kleines Tierchen, das viele von uns aus ihrer Kindheit kennen. Noch heute können die meisten Erwachsenen das Kinderlied »Maikäfer flieg« zumindest summen. Er hat die Aufforderung wohl allzu wörtlich genommen, ist selten geworden und nur noch vereinzelt in Mitteleuropa, vorwiegend in Südwestdeutschland anzutreffen. Nicht zu vergessen der Marienkäfer mit den schwarzen Punkten auf seinem roten Körper, für ganze Generationen nähender Mütter bis in die hintersten Winkel der Republik das Vorbild eines Faschingskostüms. Heute kauft man es fix und fertig im Kaufhaus.

Manche Menschen denken bei dem Namen »Käfer« aber auch an unser Unternehmen, denken an Feinkost, gutes Essen und Trinken, vielleicht sogar an Catering, jenes merkwürdige Wort aus dem Englischen, das so technisch klingt, hinter dem sich aber eine ganze Welt von Genüssen und Gaumenfreuden und damit unverhohlene Lebensfreude verbergen kann. Wer diese Gedanken bei dem Wort Käfer hat, ist nicht unbedingt unser Kunde und hat vielleicht noch nie in seinem Leben etwas bei »Käfer« eingekauft. Aber er hat schon davon gehört, kennt auf irgendeine Art und Weise den »Feinkost-Käfer«, dessen Fundament Paul und Elsa Käfer 1930 mit der Eröffnung ihres Kolonialwarengeschäftes in Schwabing gelegt haben. Seitdem sind fast 80 Jahre vergangen, eine lange und vor allem bewegte Zeitspanne, über die Katastrophen, Krisen, Niederlagen, aber auch Aufschwung und Erfolg nicht immer gleichmäßig verteilt waren, aber in der aus den bescheidenen Anfängen in der Amalienstraße ein kleines Feinkostimperium geworden ist, das in verschiedenen Bereichen tätig ist. Längst bietet es mehr an als sogenannte »Kolonialwaren« und Wein, Liköre und Flaschenbier, wie einst die Großeltern in einer Annonce ihr Angebot beschrieben haben. Knapp 80 Jahre Käfer, da darf schon von Tradition gesprochen werden, zumal in unserer schnelllebigen Zeit, in der viele Unternehmungen allein Trends und Moden unterworfen sind, nur wenig substanziellen Bestand über Jahrzehnte hinweg haben oder vom sogenannten Zeitgeist hinweggefegt werden. Das Bild unserer Städte zeigt diese rasante Entwicklung: Immer weniger alteingesessene Unternehmen prägen die Einkaufsstraßen, dafür erscheinen die international aktiven Ketten bis in die mittleren Provinzstädte. Da haben es Traditionen schwer, da haben Wurzeln plötzlich keinen Bestand und geben keinen Halt mehr in einer sich ständig verändernden Konsumwelt. In der Schnelligkeit des Wandels kann die Vergangenheit schnell in Vergessenheit geraten, was gestern noch Gültigkeit hatte, kann schon morgen überholt sein, die vermeintliche Modernität verlangt von uns eine, teils auch unbarmherzige Anpassung. Ob das immer sinnvoll und nützlich ist, darf bezwei-

MADE IN
FRANCE
MADE IN
FRANCE

felt werden, schmerzlich ist es oft genug. Aber im Wachsen von Ansprüchen, Bedürfnissen und Erwartungen liegt auch eine Herausforderung, sie fordert von uns eine permanente Weiterentwicklung, ein ständiges Nachdenken, Überdenken und Neudefinieren von Zielen. Vor allem stellt sie uns vor die Frage, wie der Weg dorthin sein wird, welche Richtung wir einschlagen sollen, um erfolgreich ans Ziel zu kommen. Das gilt für den Feinkosthandel genauso wie für ein Restaurant oder Hotel: neue Produkte, neue Kochstile, neue Zubereitungsarten und neue Gastlichkeit. Die Kunden erwarten dieses »Up-to-date-Sein«, gleichzeitig schätzen sie Traditionen und verlässliche Kontinuität. Ein nicht immer einfacher Spagat, den wir seit Jahren in allen Unternehmungen vollführen und der vor allem Erfolg hat, weil wir um unsere Wurzeln wissen und die Tradition in alle Käfer-Aktivitäten einfließen lassen können, ohne jemals verstaubt zu wirken. Wir sind moderne Traditionalisten, die vor allem bei einer Sache keine Kompromisse machen: Qualität. Die hatte schon immer oberste Priorität im Unternehmen, liegt sozusagen in den Genen aller Käfers, die im Unternehmen tätig waren und sind. Meine Großeltern, mein Vater, mein Onkel, keiner hat jemals an diesem Grundsatz gerüttelt. Qualität im Produkt und in der Dienstleistung, das sind die Grundpfeiler, auf denen die Käfers ihr Unternehmen aufgebaut und ausgebaut haben, von Generation zu Generation. Daran wird sich in Zukunft auch nichts ändern. Diese unbedingte Forderung ist auch die Basis für Erfahrung, ein ganz wichtiger und unverzichtbarer Aspekt, auf den ein Unternehmen heute zugreifen muss. Dabei geht es nicht nur darum, bereits begangene Fehler zu vermeiden, sondern vor allem um die Perspektive des Unternehmens, die sich aus der Erfahrung ergibt. Wer nicht zurückschauen kann, weiß meist auch nicht, wo vorne ist. Wer allerdings auf Erfahrungen zurückgreifen kann, hat auch eine Geschichte und das ist heute mehr denn je wichtig.

Ein traditionsreiches Haus wie »Käfer« hat nicht nur eine Firmengeschichte, sondern auch eine Personalgeschichte, gehört in gewisser Weise zur Entwicklungsgeschichte einer Stadt, eines Viertels und einer Gesellschaft, die sich vor allem nach dem Zweiten Weltkrieg neu ordnete. Die Käfers haben ja auch klein angefangen, im Rahmen der damaligen Verhältnisse ihren Kolonialwarenladen eröffnet und sind dann langsam, aber stetig gewachsen. Man kann es durchaus eine Erfolgsgeschichte nennen, aber sie ist nicht loszulösen von den gesellschaftlichen Entwicklungen der Nachkriegszeit, die immer den Rahmen unserer Unternehmungen gesteckt haben. Da liegt viel Geschichte drin, viel spannende Ereignisse und natürlich auch viel Nostalgie. Dazu kommt, dass jedes unserer Produkte eine eigene Geschichte hat, eine meist sehr emotionale Geschichte, denn Essen und Trinken berühren wie keine andere Tätigkeit die Seele, den Verstand, vor allem aber das Gefühl. Die Seelenlosigkeit der Discounter und vieler Supermärkte, die meist mit einer optischen Trostlosigkeit einhergeht, lässt doch heute Einkaufen vielfach zu einem lustlosen Vorgang werden. Irgendwas kaufen, um irgendwie satt zu werden, möglichst schnell, billig und unkompliziert. Aber gerade beim Einkaufen soll die Lust aufs Essen geweckt werden, wenn hier schon Tristesse angesagt ist, kann es mit dem Genuss nichts mehr werden. Davon bin ich überzeugt. Ansonsten trifft das unschöne Wort von der »Nahrungsaufnahme« den Nagel auf den Kopf.

Aber es geht auch anders, und es ist mein vorrangiges Anliegen und das Ziel aller meiner Mitarbeiter, Essen und Trinken eben nicht nur als immer wiederkehrende Schikane des Körpers anzusehen, sondern vielmehr als Chance, Verstand und Gefühl in Einklang zu bringen und sich Genuss und Wohlbefinden auf relativ einfache Art und Weise zu verschaffen. Dieser steigerungsfähige Prozess fängt beim Einkaufen an und deswegen bekommen die Kunden, sofern sie das möchten, bei Käfer Geschichte erzählt. Keine Legenden oder Märchen, sondern wissenswerte Informationen über das Produkt: Wo es herkommt, wie es schmeckt, warum es so gemacht ist, wie lange gutes Fleisch abhängen, wie gesund das Tier sein muss, von dem ich das Fleisch esse, und wie man es am besten zubereitet, wie und mit was es serviert wird. Wir haben Verkäufer, die haargenau erzählen können, wie der Käse hergestellt und wie die Wurst gemacht wird. Dieser, nennen wir es mal »Geschichtenaustausch mit dem Kunden«, ist nicht nur eine Dienstleistung, sondern auch das Weitergeben einer Koch- und Esskultur, die auf kulinarischen Erfahrungswerten beruht, die mit diesen »Geschichten« auch transparent werden. Sie erklären den sicher höheren Preis als im Discounter oder Supermarkt, statt im Taumel der industriell gefertigten und billigen Fertiggerichte unterzugehen. Wenn der Bezug zum Essen verloren geht und das handwerkliche Zubereiten von Speisen auf dem Altar der Zeitknappheit geopfert wird, nützen auch keine noch so ausgefeilten Rezepte. Man kann – und sollte – Kartoffelknödel mit der Hand machen, diese Binsenweisheit erschreckt doch heute schon eine ganze Generation, die den Fertigteig nur aus der Tüte kennt oder gleich zu den eingeschweißten fertigen Knödeln greift. Wir setzen ganz gezielt auf die traditionelle Zubereitung, denn damit wird auch Qualität wieder kontrollierbar, weil man mit den Grundprodukten konfrontiert wird und nur darin unzweifelhafte Qualität erkennen kann. Und darüber reden wir mit unseren Kunden.

Hinzu kommt, und es wäre naiv, das aus den Augen zu verlieren, dass wir heute im Feinkostgeschäft kein Produktmonopol mehr haben. Was noch vor Jahrzehnten exklusiv nur in ausgesuchten Geschäften angeboten wurde, findet sich heute schon in gut sortierten Supermärkten oder Lebensmittelabteilungen der Kaufhäuser. Selbst die Discounter rüsten auf und bringen Produkte in ihren Warenkorb, die es früher nur im – wie es so schön heißt – gut sortierten Fachhandel gab. Essen ist internationalisiert, die Verfügbarkeit schier unendlich und offenkundig auch im Preis variabel, lässt man die Qualität außer Acht. Deswegen setzen wir bei Käfer zum einem auf die beste Produktqualität, die wir bekommen können, und zum anderen auf den beratenden und persönlichen Kontakt mit dem Kunden, die Qualität der Dienstleistung. Es klingt vielleicht etwas abgedroschen, aber das Erlebnis Einkaufen wird bei Käfer zelebriert. Wir suchen zusammen mit dem Kunden nach der besten Lösung seines Anspruches, nach dem idealen Kauf, um seine Wünsche zu befriedigen. Nichts aufschwatzen, nichts einreden, sondern aufklären und bestens beraten. Das war und ist und bleibt Käfer. Und es ist auch ein Beitrag zu einer Geschäftskultur, die nicht untergehen sollte, sondern die Lust am Essen und Trinken schon in der ersten Phase des Einkaufens zu einer Freude und damit Vorfreude werden lassen. Wenn den Kunden beim Einkaufen das Wasser im Mund zusammenläuft, dann haben wir alles richtig gemacht.

Bayern
Bio-Linda
kg €2.95
U.S.A.
Süßkartoffeln
kg €4.45
Bamberger
Hörnle
kg €5.95

Mary Opitz

Dieser Kontakt mit den Kunden ist nicht nur ein wichtiger Erfahrungsaustausch mit einem sinnvollen Blick zurück, sondern eröffnet auch Zukunftsperspektiven und ermöglicht eine aktualisierte Neuausrichtung für die Gegenwart, in der wir leben. Wie wird sich das Einkaufs- und Essverhalten der Verbraucher in den nächsten Jahren entwickeln, wohin geht die kulinarische Reise, was heißt in Zukunft Essen? Der Schnelllebigkeit auf der einen Seite steht die Langsamkeit der Produkte gegenüber, langsames Wachstum, ausgereifte Qualität und schonende Zubereitung, die Zeit braucht. Das in Einklang mit dem Bedürfnis zu bringen, relativ schnell an beste Qualität heranzukommen, ist die Herausforderung, die sich ein Unternehmen wie Käfer in den nächsten Jahren stellen muss. Der Kunde bleibt König und wir können und wollen den Gast nicht aus seinen Lebensgewohnheiten herausbrechen, aber wir nutzen auch moderne Kommunikationswege, um ihm den Genuss zu erleichtern.

Wir sind gerade dabei, einen Reservierungsservice einzuführen, bei dem der Gast über eine SMS auf sein Mobiltelefon sofort seine Reservierung oder Bestellung bestätigt bekommt. »Vielen Dank, wir freuen uns auf Ihren Besuch«, das sind zwar nur kleine Bausteine im Umgang mit dem Gast, aber sie werden dankbar angenommen. Das ist das Moderne, und auf diese Moderne müssen wir uns einrichten, wollen wir nicht den Anschluss verpassen. Und dennoch: Je moderner die Zeiten und schneller die Wege werden, umso wichtiger sind auch wieder die traditionellen Werte, dazu zähle ich auch das Kochen. Statt vorproduzierte Gerichte oder Take-away kann man auch zu Hause kochen, sich Zeit nehmen, das Gemüse richtig zu schnipseln, das Fleisch richtig zu braten, alles mit Bedacht richtig zu machen, damit das Produkt am Ende stimmt. Hier schließt sich der Kreis, denn auch für den eigentlichen Genuss wird Zeit vorausgesetzt. Da brauche ich dann keine Schnelligkeit, sondern da will ich dann genau das Gegenteil haben. Unser altbewährter Anspruch der hohen Qualität funktioniert auch in einer schnelllebigen Zeit. In diesem, auf den ersten Blick vermeintlichen Gegensatz liegen riesengroße Chancen, alte Werte nicht nur wiederzubeleben, sondern vor allem mit neuem Leben zu füllen und damit wieder attraktiv zu machen.

Bei allen Aktivitäten, sei es im Feinkosthandel, im Restaurant oder im Catering, steht natürlich der Kunde und Gast im Vordergrund. Das ist keine leere Worthülse, sondern bei Käfer seit der Gründung des Unternehmens ein Credo, an dem keiner vorbeikommt. Auch nicht die Mitarbeiter. Wir wollen dem Gast möglichst alle Wünsche erfüllen, das ist für mich mehr als nur eine Dienstleistung. Es ist das Hineinversetzen in den Gast, sozusagen ein Rollentausch, um die Vorstellungen und Wünsche eines jeden einzelnen Gastes besser zu verstehen und ihm entsprechend Lösungen anbieten zu können. Denn für den Gast ist es meist unverständlich, wenn er irgendeinen Wunsch hat, den wir ihm nicht erfüllen können. Wie fühlt der Gast, wie fühle ich mich, wenn ich an einem Tisch sitze, wie fühle ich mich, wenn ich einkaufe, wie fühle ich mich, wenn ich beraten werde, das ist das zentrale Thema unserer Dienstleistung. Natürlich gibt es auch Dinge, die nicht auf der Speisenkarte stehen, auch wenn das für den einen oder anderen Gast auf den ersten Blick unverständlich erscheint. Darüber müssen wir mit

il Merlot di
NONINO
GRAPPA
MONOVITIGNO
DISTILLATA CON METODO ARTIGIANALE
il Moscato di
NONINO
GRAPPA
MONOVITIGNO
DISTILLATA CON METODO ARTIGIANALE
in barriques
lo Chardonnay
NONINO
GRAPPA
MONOVITIGNO
DISTILLATA CON METODO ARTIGIANALE
Grappa di Merlot Nonino € 36,00
0,7l (1l/€ 51,43)
Grappa il Moscato Nonino € 36,00
0,7l (1l/€ 51,43)

dem Gast sprechen, ihm die Situation erklären, ihn vielleicht sogar einige Zeit vertrösten, um ihm seinen Wunsch nach einem Gericht oder einer Beilage, die nicht vorbereitet ist, letztendlich doch zu erfüllen. Das erfordert viel Fingerspitzengefühl, aber auch einiges an Wissen aufseiten der Mitarbeiter, wie Produkte frisch zubereitet werden.

Gerade in einer Zeit, da Kochen wieder en vogue ist, wie die vielen Kochsendungen auf allen Sendern beweisen, kochen und gemeinsames Essen als Kommunikationsmittler eine Renaissance erlebt, muss mit dem Gast darüber kommuniziert werden. Dann interessiert er sich auch für die Produkte, aus denen sein Essen zubereitet wird. Kochen war eigentlich nie aus der Mode, aber es hat sich in eine Richtung entwickelt, in der durch die Vereinfachung der Zubereitung mit Fertigmischungen viel Handwerkliches verloren gegangen ist. Früher gab es in den meisten Familien den klassischen Sonntagsbraten, danach den hausgebackenen Kuchen, alles selbst zubereitet. Man konnte meist nur die Rohzutaten kaufen, Kochen war die Aufgabe der Hausfrau. Und dann kamen immer mehr Fertiggerichte auf den Markt, nicht unbedingt schlechte Produkte, aber sie verlangten keine wirkliche Kochkunst mehr. Die Zeitersparnis, die damit einherging, wurde doch dankbar angenommen und als Fortschritt in der Küche gefeiert. Man musste nicht mehr stundenlang am Herd stehen, hatte Zeit für andere Dinge, die auf einmal wichtiger erschienen als handwerklich und frisch zubereitetes Essen. Das Kochen wurde damit aus seiner profanen Alltäglichkeit gelöst und ist heute für einen Großteil der Bevölkerung zu etwas Besonderem geworden. Mit Sicherheit hat das Kochen durch die Entwicklung auch wieder an Aufmerksamkeit gewonnen und die Restaurants, die frisch zubereiten, stehen im Fokus einer Gesellschaft, die die Kochkunst als solche wieder entdeckt. Sie profitieren von diesem neuen Kochboom, sie sind kleine Refugien des Wohlfühlens, Genuss-Inseln, in denen man ausspannen kann und von einer Heerschar an Servicekräften verwöhnt wird. Sich einfach etwas gönnen, Essen und Trinken als wohltuende Tätigkeit für die Seele entdecken, das ist für viele heute wie eine Belohnung zum immer hektischer und anspruchvoller werdenden Berufsalltag. Gutes Essen und Trinken als kulinarisches Fitnessprogramm im Alltag, der meist nur eine halbe Stunde Mittagspause zulässt. Wenn überhaupt. Und gutes Essen und Trinken muss nicht teuer sein, es ist eher eine Frage der Prioritäten, was einem dieses Grundbedürfnis wert ist. Doch die ständige und allgegenwärtige Verfügbarkeit von Essen zu vermeintlich günstigen Preisen hat vielfach den Blick auf die Qualität verstellt und ging zulasten einer ausgewogenen Ernährung, die nicht jeden Tag Fleisch verlangt. Daneben hat das riesige Angebot an, sagen wir mal, mittelmäßiger Qualität dazu geführt, dass eine gewisse geschmackliche Orientierungslosigkeit eingetreten ist. Wie soll man wissen, was besser ist, wenn man nicht weiß, was gut ist? In weiten Teilen der Gesellschaft fehlt das Basiswissen um Qualität, gut, mittelmäßig und schlecht kann nur im Vergleich gelernt werden. Geschmack ist formbar und erziehbar und hat damit auch eine soziale Komponente. Wer niemals mit einer unverfälschten Produktqualität konfrontiert wurde, wird sie kaum erkennen können. Hier ist der Ansatz, geschmackliche Aufklärungsarbeit zu leisten, und das fängt eben damit an, über die Produkte zu sprechen und sie zu erklären. Am besten fängt man damit bei den Kindern an, es gibt

KÄFER'S HAUSGEMACHTE
BOUILLABAISSE

W.Weiss Waagen

ja in einigen Schulen schon Konzepte, wie Kinder und Jugendliche wieder an authentische Geschmäcke fernab von industriell aromatisierten Produkten herangeführt werden können. Wie riecht ein Apfel, wie eine Erdbeere und wie schmeckt eine natürlich gewachsene Tomate oder ein hausgemachtes Eis? Wir müssen viel mehr über Essen und Trinken wissen, immerhin ist es die Grundlage unseres Lebens. Die vielen Kochsendungen, Kochbücher und entstehenden Kochschulen und Kochkurse sind sicherlich ein wichtiger Beitrag, unsere Esskultur einer breiten Schicht auf einfachem Wege zugänglicher zu machen, nicht belehrend, sondern mit viel Spaß an der Sache. Dass Käfer in diesem Sinne zu einer Qualitätsmarke geworden ist, macht mich natürlich ein klein wenig stolz, aber es steckt auch viel Arbeit dahinter, die von außen kaum sichtbar ist. Die Zeit ist dabei mein Verbündeter, einmal was die Tradition, aber auch was die Zukunft betrifft. Wir sind so etwas wie ein nostalgischer Modeladen, das ist der Anspruch, den wir haben. Wir müssen Trends setzen, aktuelle kulinarische Themen aufgreifen und umsetzen, das geht weit über die Biowelle hinaus. Was wir heute anbieten, sei es im Laden oder im Restaurant, durchläuft Entwicklungsprozesse, hinter denen Innovation und Kreativität stehen. Eigentlich ist es die nie enden wollende Suche nach der Perfektion, selbst bei einem scheinbar einfachen Produkt: Wie kann das Schnitzel qualitativ noch verbessert werden, in welchem Fett bei welcher Temperatur soll es gebraten werden, mit welchen Beilagen findet es den idealen Geschmackspartner, sind es Röstkartoffeln, große Kartoffeln oder Kartoffelsalat? Und dann natürlich die alles entscheidende Frage, wo finde ich die beste Produktqualität? Das Beste finden wir bei den Lieferanten, die gezielt auf Qualität setzen. Natürlich brauchen wir davon auch ordentliche Mengen, aber der Fokus liegt eindeutig darauf, wie und unter welchen Umständen produziert wird. Mittelmäßige Massenware ist für Käfer tabu, das gilt für das Restaurant und Catering genauso wie für das Angebot auf dm Oktoberfest. Was wir mit viel Aufwand und Know-how frisch zubereiten, muss hohen Anforderungen entsprechen, sonst ist auch unsere Arbeit vergebens. Mit einem minderwertigen Produkt kann man auch unter Einsatz aller Kochkunst keine Gäste zufriedenstellen, jedenfalls keine Käfer-Gäste. Dafür stehe ich gerade, aber natürlich auch meine Mitarbeiter, die direkt am Gast sind und diese Käfer-Philosophie vertreten. Darauf muss sich jeder verlassen können, und ich weiß um die Bedeutung zufriedener Gäste, aber auch um die Bedeutung zufriedener Mitarbeiter, denn schließlich sind sie das erste Aushängeschild des Unternehmens. Und wenn es ihnen gut geht, überträgt sich das auch auf die Kunden und Gäste. Es gibt so etwas wie einen »Käfer-Spirit«, der in der Qualität der Dienstleistung steckt und der auch die Menschen ein wenig stolz macht, dass sie bei uns arbeiten. Das beste Kapital, das wir im Unternehmen haben, sind unsere Mitarbeiter, das macht mich gleichermaßen stolz und dankbar.

Um bei Käfer zu arbeiten, braucht man natürlich eine ordentliche Portion Leidenschaft, die alle mitbringen sollten, die sich für die Gastronomie entscheiden. Ohne Passion für den Beruf geht es nicht, das berühmte Lächeln und das freundliche Wort mögen für den einen oder anderen oberflächlich erscheinen, aber sie sind wenigstens da und wirken wie ein kleiner Puffer zwischen Stress, Hektik und Ärger. Wer Spaß und Freude in die Gastronomie einbringt, dem kann der Stress des Berufs kaum etwas anhaben. Meine Leidenschaft wurde mir natürlich schon in die Käfer-Wiege gelegt, ich hatte immer Freude am Umgang mit Menschen, am Kontakt mit fröhlichen und gut gelaunten Leuten, die sich auf ihre Feier freuen und die ich mit meinem Beitrag noch ein klein wenig glücklicher machen kann. Wenn dann etwas schiefläuft, ist das zwar ärgerlich, darf aber die Kunden oder Gäste in ihrer Laune nicht beeinträchtigen. Sicherlich beflügelt mich auch ein gesunder Ehrgeiz, Gastronomie auf diesem Niveau und in dieser Schlagzahl zu betreiben. Zu einem stehe ich natürlich in der Verpflichtung, das Erbe meiner Großeltern erfolgreich weiterzuführen, zum anderen möchte ich beweisen, dass meine eigenen Ideen und meine persönliche Kreativität, auch mein individueller Führungsstil das Unternehmen auf sicherem Kurs halten. Natürlich habe ich auch Fehler gemacht, aber ich denke, dass ich daraus gelernt habe. Dennoch mache ich mir auch Sorgen, ob das immer so bleiben wird, wo die Fallen und Gruben der nächsten Jahre liegen, in die ich nicht hineintappen möchte. Das ist vielleicht auch ganz gut, als Unternehmer immer ein wenig die Angst im Nacken zu spüren, dass schnell irgendwas schiefgehen kann. Es ist keine Lebensangst, sondern ein positiv motivierendes Gefühl, wachsam und kreativ zu bleiben. Zufrieden sein im Sinne von Zurücklehnen möchte ich mir deswegen nicht leisten, irgendetwas kann man immer verbessern, irgendwo gibt es mit Sicherheit noch ein Qualitätsprodukt, das gut zu Käfer passen würde, das ich aber noch nicht entdeckt habe. Was Qualität anbelangt, möchte ich Käfer noch einmaliger machen, als es schon ist. Das wäre eine Weiterentwicklung unserer Tradition, würde dann wieder in die nächste Generation übergehen. Es geht also weiter, mein unternehmerischer Tatendrang ist jedenfalls ungebremst und an Ideen mangelt es nicht.

Dennoch bleibt Käfer ein »Münchner Kind«, das sich aus einem kleinen Schwabinger Feinkostladen und einem typisch münchnerischen Partyservice entwickelt hat. Es wird niemals seine Wurzeln verleugnen, auch wenn unser Bekanntheitsgrad weiter über die bayrischen Grenzen hinausreicht und wir den Sprung aus München heraus geschafft haben. München ist und bleibt die Heimat der Käfers, bei allem Engagement außerhalb der Landeshauptstadt. Ich genieße diese Stadt in all ihren Facetten, München hat einen ganz eigenen Charme, ist eine bunte und vor allem eine gelungene Mischung aus liebenswerter Provinzialität und städtischem Gehabe, man gibt sich ein bisschen bayrisch, ein wenig kosmopolitisch, aber immer selbstbewusst münchnerisch. München ist eine weltoffene City, eine pulsierende Metropole mit Eleganz, Schick und Klasse, aber auch mit bayerischen Traditionen und provinziellen Eigenarten. Wenn ich am Freitag vor dem Oktoberfestbeginn auf unsere Wies'n-Schänke schaue, dann spüre ich diese besondere Münchner Lebensfreude, der auch der Touristenrummel nichts anhaben kann. Das Oktoberfest ist das außergewöhnlichste Fest der Welt und es ist einfach wunderbar, ein Teil einer so großartigen Veranstaltung zu sein. Wenn die weißen Luftballons in den blauen Himmel steigen und die bayerische Hymne ertönt, dann berührt das schon die Seele und man kann Bayern richtig fühlen. Immerhin hat Käfer vor rund 80 Jahren in Schwabing angefangen.

Grundrezepte

BALSAMICO-DRESSING FÜR BLATTSALATE

Zutaten für ca. 1 l
4 Schalotten
40 ml Olivenöl
750 ml Hühnerbrühe
125 ml Balsamico-Essig
125 ml Sherryessig
1 TL Dijonsenf
250 ml Traubenkernöl
125 ml Walnussöl
60 ml Haselnussöl
Salz
schwarzer Pfeffer aus der Mühle
Zucker
1–2 EL Kürbiskernöl nach Belieben

Zubereitungsdauer
15 Minuten

Zubereitung
Die Schalotten schälen, fein schneiden und in Olivenöl glasig dünsten. Das Ganze mit der Brühe aufgießen und um ein Drittel reduzieren. Die Reduktion mit einem Stabmixer kurz mixen und anschließend durch ein feines Sieb passieren. Den so entstandenen Fond mit den beiden Essigsorten und dem Senf verrühren. Nun die Öle langsam und vorsichtig unter ständigem Rühren zugeben. Zum Schluss das Dressing mit Salz, Pfeffer und einer Prise Zucker abschmecken und nach Belieben mit Kürbiskernöl verfeinern.

GEKLÄRTE BUTTER

Zutaten für 350 ml
500 g französische Fassbutter

Zubereitungsdauer
45 Minuten

Zubereitung
Die Butter in einer Sauteuse bei kleiner Hitze schmelzen und das Milcheiweiß langsam auf den Boden der Sauteuse sinken lassen. Dabei unbedingt darauf achten, dass die Hitze nicht zu stark ist – die Molke könnte sonst verbrennen. Schließlich die Butter vorsichtig durch ein Tuch passieren, damit keine Molkerückstände im Fett verbleiben.
Geklärte Butter ist ein geschmackvoller Bratstoff, der sich bestens für Panier- oder Mehlspeisen eignet.

KRÄUTERBUTTER

Zutaten für 300 g

250 g Sauerrahmbutter
1 Bund Blattpetersilie, gehackt
1 EL Estragon, geschnitten
1 EL Kerbel, gehackt
1 EL Basilikum, geschnitten
1 EL Schnittlauchröllchen
1 unbehandelte Zitrone, Abrieb und Saft
1 Spritzer Worcesterhiresauce
1 Spritzer Tabasco
Meersalz
schwarzer Pfeffer aus der Mühle

Zubereitungsdauer

45 Minuten

Zubereitung

Die Butter bei Raumtemperatur weich werden lassen. Sie dann mit einem Handrührgerät schaumig und schneeweiß schlagen – je länger sie geschlagen wird, desto cremiger wird ihre Konsistenz. Zum Schluss die Gewürze und Kräuter zugeben, die Masse gut vermengen und kalt stellen.

Kräuterbutter kann man hervorragend einfrieren und deshalb auch auf Vorrat zubereiten.

BEURRE MANIÉ

Zutaten für 200 g

100 g Butter, zimmerwarm
100 g gesiebtes Mehl

Zubereitungsdauer

5 Minuten

Zubereitung

Die Butter in einer Schüssel gut mit dem Mehl verkneten. Das Ganze in eine Folie geben und zu einer Rolle drehen. Die Beurre manié anschließend im Kühlschrank fest werden lassen.

Die Beurre manié dient zum Binden von Cremesuppen und -saucen. Im Gegensatz zur Speisestärke hat sie auch nach dem Aufkochen eine dauerhafte Bindung. Deshalb ist es wichtig, dass man eine Sauce nach Zugabe der Beurre manié nochmals ca. 2 Minuten kochen lässt, damit sich das Mehl auskocht.

Die Beurre manié lässt sich hervorragend einfrieren und kann deshalb problemlos in großen Mengen hergestellt werden.

COURT BOUILLON FüR KRUSTENTIERE

Zutaten für 4 l

4 l Wasser
1 Stange Lauch
1 Staudensellerie
3 Karotten
1 EL weiße Pfefferkörner
1 EL Kümmel
2 EL Meersalz
etwas frischer Estragon
etwas frischer Dill
1 TL Koriandersamen
1 EL Weißweinessig

Zubereitungsdauer

15 Minuten

Zubereitung

Das Wasser zum Kochen bringen. Das Gemüse waschen, putzen und in walnussgroße Stücke schneiden. Diese zusammen mit den Gewürzen, Kräutern und dem Essig in das kochende Wasser geben. Das Ganze etwa 5 Minuten ziehen lassen und die Krustentiere darin garen.

FISCHFOND

Zutaten für ca. 2 l

1 kg Fischgräten (Steinbutt, Seezunge, Zander, Heilbutt, aus der Fischabteilung)
4 Champignons
3 weiße Gemüsezwiebeln
1 Stange Lauch
1/2 Staudensellerie
1/4 Knollensellerie
2 Strauchtomaten
100 ml Weißwein
100 ml Noilly Prat
2 l Eiswasser
30 ml Olivenöl
10 weiße Pfefferkörner
1 Thymianzweig
1 Estragonzweig
5 Blätter Basilikum
1 Lorbeerblatt
Meersalz

Zubereitungsdauer

1 Stunde

Zubereitung

Die Fischgräten unter kaltem Wasser abspülen und anschließend abtropfen lassen. Die Pilze und das Gemüse putzen und waschen. Alles in größere Würfel schneiden. Nun das Olivenöl in einem Topf erhitzen, die Champignons, den Lauch und den Sellerie dazugeben. Das Gemüse glasig dünsten und dann mit Weißwein und Noilly Prat ablöschen. Das Ganze kurz einkochen, anschließend die Gräten zugeben und mit Eiswasser aufgießen. Die Suppe einmal kurz aufkochen lassen und mit einem Schaumlöffel das aufsteigende Eiweiß abschöpfen. Schließlich die Pfefferkörner, Kräuter, den Lorbeer, die Tomatenwürfel und das Meersalz zugeben. Das Ganze bei kleiner Hitze 25 Minuten ziehen lassen und zum Schluss durch ein Tuch passieren.

2004
Castell Miquel
Cabernet
Sauvignon

vom 22. Oktober bis 27. Oktober 2007
Der goldene Herbst
Kuchen & Dessert
Sardischer Torone
mit erntefrischen Nüssen
hergestellt
Stück 9,50 €
Getränke
2005 Merlot Atrium
Miguel A. Torres.
Penedés – Spanien.
Ein ausladenes Bukett von
süßen Beeren und Pflaumen
harmoniert mit einem
weichen und geschmeidigen
Geschmack
anstatt 15,00 €
Käfer Kitchen
Gmund Keramik
„Grüner Hirsch"
auf alle Geschirrteile 20%
Rabatt
Brot
Elsässer
Französisches Weissbrot mit
Weizenmehl aus dem Elsass
Laib 4,40 €
Grill
Gefüllten Schweinebraten
mit Maronen und Äpfel
100g 2,49 €

FISCH-WEISSWEIN-SAUCE

Zutaten für 1 l

3 Schalotten
1 EL Butter
100 ml Noilly Prat
30 ml Pernod
100 ml trockener Weißwein
2 Champignons
500 ml Fischfond (Grundrezept S. 51)
150 g Crème double
1 EL Beurre manié (Grundrezept S. 46)
1 Estragonzweig
10 g Crème fraîche
Salz
schwarzer Pfeffer aus der Mühle
1/2 Zitrone, Saft

Zubereitungsdauer

30 Minuten

Zubereitung

Die Schalotten schälen, klein schneiden und in etwas Butter glasig dünsten. Sie mit Noilly Prat, Pernod und Weißwein ablöschen und auf ein Drittel der Flüssigkeit reduzieren.

Die Champignons putzen und klein schneiden. Sie zusammen mit dem Fischfond, der Crème double und der Beurre manie in die Reduktion geben und das Ganze ebenfalls um ein Drittel einkochen. Schließlich den Estragonzweig zugeben und 10 Minuten in der Flüssigkeit ziehen lassen. Abschließend die Sauce durch ein feines Sieb passieren und mit der Crème fraîche, Salz, Pfeffer und Zitronensaft verfeinern.

HELLER GEFLÜGELFOND

Zutaten für ca. 1,5 l

1 kg Geflügelkarkassen
6 Champignons
1 Knoblauchzehe, jung
1/2 Staudensellerie
1/4 Knollensellerie
3 Schalotten
1 Stange Lauch
2 Karotten
60 ml Noilly Prat
60 ml Weißwein
3 l Eiswasser
8 schwarze Pfefferkörner
3 Wacholderbeeren
2 Lorbeerblätter
1 Thymianzweig
1/2 Bund Blattpetersilie
Meersalz

Zubereitungsdauer

3 Stunden

Zubereitung

Die Karkassen walnussgroß zerhacken, blanchieren und abtropfen lassen. Die Champignons, den Knoblauch und das Gemüse putzen und zerschneiden. Die Karkassen zusammen mit den Pilzen und dem Gemüse in einem Topf in Olivenöl ohne Farbe anschwitzen. Alles mit Noilly Prat und Weißwein ablöschen und ganz einkochen. Anschließend das Eiswasser dazugießen, es zum Kochen bringen und mit einem Schaumlöffel abschäumen. Danach die Kräuter und Gewürze zugeben und die Suppe bei milder Hitze ca. 2 Stunden leicht kochen lassen. Sie immer wieder abschäumen und entfetten. Zum Schluss den Fond durch ein Tuch passieren und abkühlen lassen.

Fineplume
Pigeonneau
Fin et Gourmand
P'TIT DUC
Poussin
Fineplume
P'TIT DUC
Poussin

KALBSJUS

Zutaten für 2 l

2 kg Kalbsknochen in walnussgroßen Stücken
300 g Kalbsparüren
2–3 EL Olivenöl
2 Karotten, gewürfelt
1/4 Knollensellerie, gewürfelt
1/4 Staudensellerie, gewürfelt
2 weiße Gemüsezwiebeln, gewürfelt
2 Knoblauchzehen, jung, gewürfelt
1 EL Tomatenmark
100 ml Weißwein
100 ml Madeira
3 l heller Fleischfond
1 Thymianzweig
6 schwarze Pfefferkörner
1 Lorbeerblatt
1 TL Meersalz

Zubereitungsdauer

3 Stunden

Zubereitung

Die Kalbsknochen und die Parüren zusammen in einem großen Bräter mit etwas Olivenöl anbraten. Das geputzte und gewürfelte Gemüse zugeben und ebenfalls braun anrösten. Das entstandene Fett abschütten. Das Tomatenmark zugeben und ebenfalls kurz anrösten, dann das Ganze mit Weißwein und Madeira ablöschen und fast ganz einkochen. Anschließend den hellen Fleischfond aufgießen, zum Kochen bringen und abschäumen. Nun die Kräuter und Gewürze zugeben und die Suppe bei kleiner Hitze ca. 2 Stunden ziehen lassen. Die Jus abschließend mit Meersalz würzen, passieren und kalt stellen.

LAMMJUS

Zutaten für ca. 1 l

40 ml Olivenöl
500 g Lammparüren und Knochen (beim Metzger erhältlich)
400 g Mirepoix (Röstgemüse aus Knollensellerie, Karotten, Stangensellerie, rote Zwiebeln in walnussgroßen Würfeln)
2 Zehen Knoblauch, ungeschält
2 EL Tomatenmark
200 ml trockener Weißwein
2 l Wasser oder Fleischbrühe
2 Thymianzweige
1 Rosmarinzweige
einige Petersilienstiele
10 schwarze Pfefferkörner
1 Lorbeerblatt
Meersalz

Zubereitungsdauer

3 Stunden

Zubereitung

Das Olivenöl in einem Bräter erhitzen und die Lammknochen und -parüren darin bei starker Hitze bräunen. Das Mirepoix und den Knoblauch zugeben und ebenfalls gut Farbe geben lassen. Anschließend das Fett abgießen, das Tomatenmark zugeben und kurz andünsten. Nun das Ganze mit dem Weißwein ablöschen und fast ganz einkochen lassen. Das Wasser aufgießen, zum Kochen bringen und die Suppe immer wieder entfetten und abschäumen. Schließlich die Kräuter und die Gewürze dazugeben und alles bei kleiner Hitze 2 Stunden köcheln lassen. Zum Schluss die Jus durch ein Tuch passieren.

Lamm-Carree
französisch
1 kg
1302
€ 59,00

GEFLÜGELFARCE

Zutaten für 400 g (4 Personen)

200 g sehnenfreies Geflügelfleisch (Poulardenbrust)
120 ml süße Sahne
60 g Gänseleber
10 ml roter Portwein
10 ml Cognac
Salz
schwarzer Pfeffer aus der Mühle

Zusätzlich

2 EL süße Sahne, geschlagen

Zubereitungsdauer

1,5 Stunden

Zubereitung

Das Fleisch klein schneiden. Das zerkleinerte Fleisch und die Sahne separat im Eisfach des Kühlschrankes ca. 15 Minuten anfrieren lassen.

Danach das Fleisch in der Moulinette oder im Kutter fein pürieren. Nach und nach vorsichtig die Sahne und die Gänseleber dazugeben, bis eine cremige, leicht glänzende Masse entsteht. Diese 10 Minuten im Eisfach ruhen lassen. Sie anschließend mit Portwein und Cognac verfeinern, mit Salz und Pfeffer würzen und durch ein feines Küchensieb streichen. Um die Farce noch luftiger zu machen, zum Schluss die geschlagene Sahne unterheben.

SAUCE BÉARNAISE

Zutaten für 500 g (6 Personen)

150 ml trockener Weißwein
80 ml Estragonessig
2 Schalotten, fein geschnitten
3 Estragonzweige
1 EL weiße Pfefferkörner
3 Eigelbe
250 g geklärte Butter, lauwarm
(Grundrezept S. 44)
2 EL Estragon, geschnitten
1 EL Kerbel, geschnitten
1 Msp Cayennepfeffer
1/2 Zitrone, Saft
1 Spritzer Worcesterhiresauce
Salz

Zubereitungsdauer

45 Minuten

Zubereitung

Den Weißwein zusammen mit dem Estragonessig, den Schalotten, den Estragonzweigen und den Pfefferkörnern in einer Sauteuse erhitzen. Die Flüssigkeit um die Hälfte reduzieren und anschließend durch ein feines Sieb passieren.

Die Reduktion zusammen mit den Eigelben in einer Schlagschüssel über Wasserdampf zu einer Sabayon aufschlagen. Die Eimasse sollte sehr cremig sein. Anschließend die lauwarme Butter sehr langsam und vorsichtig einrühren. Sollte die Masse zu dick werden, kann man sie mit einigen Tropfen Wasser wieder verdünnen. Zum Schluss die Sauce mit den Kräutern, Gewürzen und dem Zitronensaft abschmecken.

KRUG
AFRICA
MAISON FONDÉE EN 1843
KRUG

BRIOCHE FüR GÄNSELEBER

Zutaten für 600 g bzw. 1 Terrine

Vorteig

1/2 Würfel Hefe (ca. 20 g)
50 ml Milch, lauwarm
20 g Zucker
50 g Mehl

Teig

200 g Mehl, gesiebt
3 Eigelbe
6 g Salz
20 ml Milch
65 g Butter

Außerdem

Butter für die Backform
1 Eigelb zum Bepinseln

Zubereitung

Für den Vorteig die Hefe in die Milch krümeln, den Zucker dazugeben und das Ganze mit dem Mehl zu einem Teig verkneten. Diesen Vorteig an einem warmen Ort ca. 20 Minuten gehen lassen.

Für den Teig den Vorteig in einer Schüssel mit dem Mehl, den Eigelben, Salz und Milch vermengen. Anschließend die Butter nach und nach zugeben und das Ganze zu einem glatten Teig verarbeiten. Den Teig 20 Minuten an einem warmen Ort gehen lassen und danach erneut verkneten. Ihn in eine gebutterte Backform geben und mit Eigelb bepinseln. Die Brioche im vorgeheizten Backofen bei 180 °C Umluft etwa 40 bis 45 Minuten goldgelb backen.

Zubereitungsdauer

2 Stunden

NUDELTEIG

Zutaten für 4 Personen als Beilage

5 Eigelbe
1 EL Olivenöl
1 Prise Salz
180 g doppelgriffiges Mehl »Wiener Griessler« (Dunst)
Mehl zum Verarbeiten

Zubereitungsdauer

2 Stunden

Zubereitung

Die Eigelbe zusammen mit dem Olivenöl und dem Salz in einer Schüssel verrühren und ca. 10 Minuten ruhen lassen. Auf diese Weise erhält der Nudelteig eine schönere Farbe. Anschließend das Mehl nach und nach dazugeben und das Ganze mit den Händen zu einem glatten, festen Teig verkneten. Den Teig zu einer Kugel formen, in Klarsichtfolie einschlagen und ca. 1 Stunde im Kühlschrank ruhen lassen. Ihn danach mit einer Nudelmaschine und Mehl zu dünnen Bahnen ausrollen und anschließend zur gewünschten Nudelform weiter verarbeiten.

SALZBROTTEIG

Zutaten für 1 kg
440 g Mehl
2 EL Kräuter der Provence, gefriergetrocknet
300 g grobes Meersalz
100 g Salz
125 ml Wasser, lauwarm
2 Eigelbe

Zubereitungsdauer
4 Stunden

Zubereitung
Das Mehl mit den Kräutern und dem Salz auf einer Tischplatte vermengen. Eine Mulde bilden, das Wasser hineingießen und alles zu einem Teig verarbeiten. Zum Schluss die Eigelbe mit dem Teig verkneten.
Der Teig dient zum Garen von ganzen Fischen und Geflügel. Vor der weiteren Verarbeitung muss der Teig 3 Stunden ruhen.

KARTOFFELGNOCCHI

Zutaten für 5 Personen als Hauptgang
600 g Kartoffeln, mehlig kochend
50 g Butter
2 Eigelbe
Salz
schwarzer Pfeffer aus der Mühle
Muskat, gerieben
1 EL Parmesan, gerieben
100 g Mehl
1 TL Thymianblättchen

Zubereitungsdauer
1,5 Stunden

Zubereitung
Die Kartoffeln kochen und pellen. Sie dann im Ofen bei 150 °C Umluft ausdämpfen und anschließend zweimal durch die Kartoffelpresse drücken. 40 g Butter schmelzen und zusammen mit dem Eigelb, Salz, Pfeffer, Muskat und Parmesan in die Kartoffelmasse einarbeiten. Das Ganze 5 Minuten ruhen lassen und danach das gesiebte Mehl einarbeiten.
Nun aus dem Kartoffelteig 1,5 cm dicke Rollen formen und diese mit einer Palette in ca. 3 cm dicke Scheiben schneiden. Sie zu Nocken formen und über eine Gabel rollen, damit sich ein Rillenmuster abzeichnet. Die Gnocchi 3 bis 4 Minuten in siedendem Salzwasser garen, herausnehmen und abtropfen lassen. Sie dann in einer Pfanne mit Butter und Thymian bei kleiner Hitze anbraten.

KARTOFFELPÜREE

Zutaten für 4 Personen

400 g Kartoffeln, mehlig kochend
Salz
70 ml Milch
70 g Crème double
1 EL Crème fraîche
Muskat, geriebenen
1 EL süße Sahne, geschlagen

Zubereitungsdauer

1,5 Stunden

Zubereitung

Die Kartoffeln schälen, vierteln und in Salzwasser weich kochen. Die weich gekochten Kartoffeln sofort zweimal durch eine Kartoffelpresse drücken. Die Milch zusammen mit der Crème double in einem separaten Topf erhitzen und anschließend vorsichtig unter die heiße Kartoffelmasse heben. Nun die Crème fraîche unterrühren und das Püree mit Salz und frisch geriebenem Muskat abschmecken. Es sollte eine cremige, nicht feste Konsistenz haben.

OFENTOMATEN

Zutaten für 16 Filets

4 reife Eiertomaten
Eiswasser
Meersalz
schwarzer Pfeffer aus der Mühle
1 TL Puderzucker
100 ml Olivenöl
2 Thymianzweige
1 Rosmarinzweig
1 Knoblauchzehe
10 Basilikumblätter

Zubereitungsdauer

4 Stunden

Zubereitung

Die Eiertomaten in kochendem Wasser kurz blanchieren und in Eiswasser abschrecken. Sie häuten, vierteln, vom Kerngehäuse befreien und auf einem Küchentuch abtropfen lassen. Die Tomatenfilets auf ein Backblech legen und mit Salz, Pfeffer und etwas Puderzucker würzen. Sie mit Olivenöl begießen und bei 100 °C Umluft im Ofen 2 Stunden trocknen. Sie danach aus dem Ofen nehmen und mit den Kräutern belegen. Nun die Tomaten mit Klarsichtfolie bedecken und weitere 2 Stunden ruhen lassen.
In einem fest verschlossenen Plastikgefäß halten sich die mit Öl bedeckten Tomaten 4 bis 5 Tage.

FRUCHTMOUSSE

Zutaten für 1 l (8 Personen)

1 Ei
4 Eigelbe
80 g Zucker
4 Blatt Gelatine
Eiswasser
500 g Fruchtmark »Les Vergers Boiron«
500 ml süße Sahne, geschlagen

Zubereitungsdauer

30 Minuten

Zubereitung

Das Ei zusammen mit den Eigelben und dem Zucker in eine Schlagschüssel geben und auf dem Wasserbad zu einer Sabayon aufschlagen. Die Gelatine in kaltem Wasser einweichen, ausdrücken und in der Sabayon gut verrühren. Diese anschließend im Eiswasserbad etwas abkühlen und das Fruchtmark unterrühren. Die Masse auf die geschlagene Sahne geben und vorsichtig mit einem Schneebesen unterheben. Die Mousse anschließend in die gewünschte Form geben.

MASCARPONE-GRATINMASSE

Zutaten für 500 g (6 Personen)

11 Eigelbe
180 g Zucker
100 g Mascarpone
3 Blatt Gelatine
10 ml Amaretto
225 ml süße Sahne, geschlagen

Zubereitungsdauer

30 Minuten

Zubereitung

Die Eigelbe zusammen mit dem Zucker aufschlagen, dann den Mascarpone dazugeben. Die Gelatine in kaltem Wasser einweichen und den Amaretto erwärmen. Die eingeweichte Gelatine ausdrücken, im erwärmten Amaretto auflösen und das Ganze unter die Mascarponemasse rühren. Zum Schluss die geschlagene Sahne unterheben.

Die Mascarpone-Gratinmasse eignet sich hervorragend zum Gratinieren von Beeren.

SCHOKOLADENEIS

Zutaten für 6 Personen

250 ml Milch
250 ml süße Sahne
100 g Zucker
50 g Honig
20 g Kakao
110 g dunkle Kuvertüre 54%
5 Eigelbe

Zubereitungsdauer

2 Stunden

Zubereitung

Die Milch zusammen mit der Sahne, 50 g Zucker, dem Honig und dem Kakao aufkochen. Die Kuvertüre dazugeben und darin schmelzen lassen. In einem weiteren Topf die Eigelbe zusammen mit dem restlichen Zucker aufschlagen. Das heiße Milch-Sahne-Gemisch dazugeben und alles mit dem Schneebesen aufschlagen. Das Ganze erkalten lassen und in der Eismaschine zu Eis gefrieren.

VANILLESAUCE

Zutaten für 4 Personen

100 g Zucker
6 Eigelbe
250 ml Milch
1 Vanilleschote

Zubereitungsdauer

30 Minuten

Zubereitung

Den Zucker zusammen mit den Eigelben schaumig verrühren, die Milch zusammen mit der Vanilleschote aufkochen. Dann die Vanilleschote entfernen und die heiße Milch auf die Zucker-Eigelb-Masse gießen. Das Ganze in einem Topf auf 80 °C erhitzen und anschließend durch ein feines Sieb passieren. Danach die Sauce abkühlen lassen.

SENF-PORTWEIN-FEIGE

Zutaten für 4 Personen

250 ml roter Portwein
250 ml Rotwein
30 ml alter Balsamico-Essig (13 Jahre)
200 ml Cassislikör
1 Sternanis
1 Lorbeerblatt
1 Zimtstange
1 TL englisches Senfpulver
1 EL Stärke
4 große Feigen, frisch

Zubereitungsdauer

5 Stunden

Zubereitung

Die Weine zusammen mit dem Balsamico-Essig, dem Cassislikör und den Gewürzen in einen Topf geben, um ein Drittel einkochen und mit etwas Speisestärke binden.

Die Feigen mit einem Zahnstocher rundherum mehrmals einstechen und in die gebundene Flüssigkeit geben. Das Ganze nochmals aufkochen und anschließend ca. 4 Stunden ziehen lassen. Danach die Feigen aus dem Fond nehmen und diesen passieren. Die Feigen in den passierten Sud zurücklegen. Das Ganze heiß in ein Glasgefäß abfüllen, dieses gut verschließen und kühl lagern. Auf diese Weise vorbereitet halten sich die Feigen ca. 1 Woche.

Am besten schmecken die Feigen, wenn man sie 1 Tag ziehen lässt.

Vorspeisen

ÉTAGÈRE VON MEERESFRÜCHTEN

Zutaten

Meeresfrüchte

2 bretonische Hummer à 450 g
2 Taschenkrebse (handelsübliche Größe)
4 bretonische Kaisergranate
3 l Court Bouillon (Grundrezept S. 48)
Eiswasser
4 Riesengarnelen (Kalibrierung 6 bis 8)
Salz
schwarzer Pfeffer aus der Mühle
Olivenöl zum Anbraten
8 Austern Fines de Claires
200 g Büsumer Krabben
2 Beine von der Meerspinne, gekocht

Mayonnaise (600 g)

6 Eigelbe
1 TL mittelscharfer Senf
1/2 Zitrone
520 ml Sonnenblumenöl
Salz
schwarzer Pfeffer aus der Mühle

Cocktailsauce (400 g)

200 g Mayonnaise
150 g Tomatenketchup
2 Zitronen, Saft
3 EL Cognac
1 Msp Cayennepfeffer

Zubereitung

Für die Meeresfrüchte die Hummer 8 Minuten, die Taschenkrebse 10 Minuten und die Kaisergranate 4 Minuten in der Court Bouillon nacheinander getrennt kochen. Sie sofort in Eiswasser abschrecken. Die Hummer und die Kaisergranate halbieren, die Taschenkrebse mit einem schweren Gegenstand, zum Beispiel einer Sauteuse, anknacken

Die Riesengarnelen in der Karkasse mit Salz und Pfeffer aus der Mühle würzen und in einer Pfanne mit Olivenöl von beiden Seiten 2 Minuten lang anbraten.

Die Austern mit einem Austernmesser vorsichtig öffnen und mit einem Pinsel das Fleisch von Rückständen befreien. Das Fleisch vom Muskel lösen.

Für die Mayonnaise die Eigelbe zusammen mit dem Senf und dem Zitronensaft in einen Mixer geben. Das Ganze mixen und dabei das Öl langsam einlaufen lassen, bis eine homogene Masse entsteht. Diese mit Salz und Pfeffer abschmecken.

Für die Cocktailsauce alle Zutaten in einer Schüssel gut miteinander verrühren.

Für die Limonen-Pfeffer-Mayonnaise den Limonensaft mit dem Abrieb und dem Limonenpfeffer vermengen und dann mit der vorher zubereiteten Mayonnaise verrühren. Das Ganze mit der Milch schaumig rühren.

Für die Aioli die Knoblauchzehen schälen und zusammen mit den Eigelben in einem Mixer vermischen. Dabei nach und nach das Olivenöl zugeben, bis eine homogene Sauce entsteht. Diese mit Salz, Tabasco und Zitronensaft verfeinern.

Pfeffer-Limonen-Mayonnaise (400 g)
5 unbehandelte Limonen, Saft und Abrieb
10 g Limonenpfeffer, geschrotet
350 g Mayonnaise
50 ml Milch

Aioli (300 g)
4 Knoblauchzehen
2 Eigelbe
250 ml Olivenöl
Salz
2 Spritzer Tabasco
1 Zitrone, Saft

Außerdem
Frisches Baguette
unbehandelte Zitronen zum Garnieren

Zubereitungszeit
2,5 Stunden

Zum Anrichten das Baguette im vorgeheizten Ofen bei 160 °C Umluft erwärmen. Alle Krusten- und Schalentiere auf einer Etagere oder Platte dekorativ anrichten und mit Zitronen garnieren. Die Saucen in kleine Schälchen abfüllen und extra reichen. Dazu das warme Baguette servieren.
Als Besteck eignet sich eine Hummerzange.

GUGELHUPF VON DER GÄNSELEBER

Zutaten für 8 Personen

Gugelhupf

1,2 kg Gänsestopfleber
8 g Pökelsalz (in der Metzgerei erhältlich)
1 Msp Pastetengewürz
Koriandersamen, gemahlen
weißer Pfeffer aus der Mühle
Zucker
Salz
100 ml weißer Portwein
25 ml Cognac
25 ml Cream Sherry
1 kg grüner Speck, aufgeschnitten

Portweingelee (1 l)

400 ml weißer Portwein
300 ml Apfelsaft
300 ml Sautern
11 Blatt Gelatine

Quittenkompott

2 Birnenquitten
80 g Puderzucker
1 Spritzer Champagneressig
1 Vanilleschote, Mark
110 ml Apfelsaft
1 Sternanis
2 EL Zitronensaft
1 EL Speisestärke

Außerdem

1 Brioche (Grundrezept S. 67)
Koriandersamen, gemahlen

Zubereitung

Die Gänsestopfleber häuten, halbieren und etwas flach drücken. Die blutigen Adern mit einem kleinen Messer entfernen. Die Leber in kleine ca. 2 cm große Würfel schneiden und in einer Schüssel mit den Gewürzen sowie dem Portwein, Cognac und Cream Sherry vermengen. Die Leber anschließend mindestens 24 Stunden im Kühlschrank marinieren.

Danach eine Gugelhupfform mit grünem Speck auslegen und die Leber in die Form pressen. Bei 48 °C im Wasserbad 45 Minuten pochieren und anschließend erneut 2 Tage im Kühlschrank ruhen lassen.

Für das Portweingelee den Portwein zusammen mit dem Apfelsaft und dem Sautern einmal kurz aufkochen. Die Gelatine in kaltem Wasser einweichen, ausdrücken und in der heißen Portweinmischung auflösen.

Nun den Gugelhupf stürzen und die Fettschicht entfernen. Die Gänseleber so formen, dass sich zwischen Form und Gänseleber rundum ein ca. 6 bis 8 mm großer Abstand ergibt, wenn die Leber wieder in die Form gesetzt wird.

Anschließend die leere Gugelhupfform mit ca. 6 mm Gelee befüllen und dieses anziehen lassen. Danach erneut etwas Gelee zugeben, und auch dieses wieder anziehen lassen. Nun die in Form gebrachte Gänseleber daraufsetzen und die Form weiter halb befüllen, sodass sich das Gelee wie ein Mantel um die Gänseleber legt. Das Gelee wieder anziehen lassen. Danach die Form mit dem restlichen Gelee befüllen und das Ganze ca. 12 Stunden im Kühlschrank anziehen lassen. Anschließend die Gugelhupfform ganz kurz in 40 °C warmes Wasser stellen und dann auf ein Brett stürzen.

Zubereitungsdauer
4 Tage und 6 Stunden

Für das Quittenkompott die Quitten waschen, vierteln und schälen. Das Kerngehäuse großzügig entfernen. Die Quitten in 5 mm kleine Würfel schneiden. Den Puderzucker in einer Sauteuse karamellisieren und mit dem Essig ablöschen. Nun die Quittenwürfel, das Vanillemark, 100 ml Apfelsaft, den Sternanis und den Zitronensaft hinzugeben und das Ganze 20 Minuten bei milder Hitze kompottartig einkochen. Die Speisestärke mit etwas Apfelsaft glatt rühren, in das Kompott geben und es damit unter Rühren binden.

Zum Anrichten mit einem dünnen, warmen Messer eine Scheibe Gugelhupf abschneiden und auf einem Teller platzieren. Aus dem Kompott mit zwei Esslöffeln eine Nocke formen und ebenfalls anlegen. Das Ganze mit etwas Korianderstaub bestreuen und zusammen mit einer getoasteten Scheibe Brioche servieren.

GRATINIERTER BÄRENKREBS MIT KRÄUTERSALAT

Zutaten

Bärenkrebse

250 g Butter
2 Eigelbe
1 EL grober Senf
60 g mittelscharfer Senf
1 Msp englisches Senfpulver
Salz
schwarzer Pfeffer aus der Mühle
150 g Mie de Pain (frisch geriebene Weißbrotkrume)
4 Bärenkrebse à 350–400 g
Olivenöl

Kräutersalat

80 g Friseesalat
80 g Radicchio
80 g Löwenzahnsalat
1/2 Bund Blattpetersilie
1 Bund Kerbel
2 EL Schnittlauchröllchen
12 Basilikumblätter
12 Korianderblätter
1 Zweig Estragon
30 g Pinienkerne
Olivenöl
10 Champignonköpfe
50 ml Balsamico-Dressing (Grundrezept S. 44)

Zubereitungsdauer

3 Stunden

Zubereitung

Für die Senfbutter die Butter in einer Schüssel mit einem Handrührgerät so lange aufschlagen, bis sie ganz weiß geworden ist. Nun die Eigelbe unterrühren und das Ganze mit dem Senf, dem Senfpulver und den Gewürze vermengen. Zum Schluss die Weißbrotkrume unterheben. Die Buttermasse 1 cm dick auf einem Blech verstreichen und ca. 30 Minuten im Kühlschrank fest werden lassen.

Für den Kräutersalat die Salate und Kräuter mit lauwarmem Wasser kurz waschen, abtropfen lassen und zupfen. Die Pinienkerne in einer Pfanne mit Olivenöl goldgelb rösten. Die Champignonköpfe putzen und in feine Streifen schneiden. Alle Zutaten in einer Schüssel vermengen.

Die Bärenkrebse mit einer Schere an der Unterseite aufschneiden. Das Fleisch vorsichtig entnehmen, von den Innereien befreien und kurz unter fließendem kaltem Wasser reinigen. Anschließend auch die Karkassen gründlich reinigen. Nun das Krebsfleisch in ca. 3 cm dicke Stücke schneiden und diese kurz in einer heißen Pfanne mit Olivenöl anbraten. Die Stücke vorsichtig mit Salz und Pfeffer würzen und in die gesäuberte Karkasse einfüllen. Anschließend die Senfbutter in Stücke brechen, auf die Karkasse setzen und den Krebs bei höchster Stufe Oberhitze im Ofen 1 Minute gratinieren.

Zum Anrichten die gratinierten Bärenkrebse auf den Tellern platzieren. Die Kräuter-Salat-Mischung mit dem Salatdressing marinieren und daneben dekorativ anrichten.

BEEFTATAR MIT KARTOFFELSCHNEE UND KAVIAR

Zutaten

Tatar

400 g Rindertatar (aus der sehnenfreien Rinderoberschale, frisch vom Metzger)
Zucker
50 g Ketchup
15 g mittelscharfer Senf
10 g Sardellenpaste
5 g Sambal Olek
30 g Cornichons
1 TL Paprikapulver, edelsüß
20 g Gurkenfond
6 g Kapern
1 EL Olivenöl
Salz
schwarzer Pfeffer aus der Mühle
Cayennepfeffer
1 Schalotte, fein gewürfelt

Kartoffelschnee

4 große Kartoffeln, mehlig kochend
Salz
Kümmel

Außerdem

4 Landeier
Kaviar nach Belieben
Meersalz
4 EL Crème fraîche

Zubereitungsdauer

2 Stunden

Rezeptfoto auf Folgeseite

Zubereitung

Für das Tatar das gewolfte Rindfleisch in eine Schüssel geben und mit einer Prise Zucker kurz anwirken lassen, damit die rote Farbe intensiver wird. Ketchup, Senf, Sardellenpaste, Sambal Olek, Cornichons, Paprikapulver, Gurkenfond und Kapern zusammen mit Olivenöl, Salz, Pfeffer, Cayennepfeffer und etwas Zucker in einer Moulinette pürieren. Anschließend die Masse mit dem Fleisch vermengen. Nun die fein gewürfelte Schalotte untermengen und das Tatar zu vier gleichgroßen Steaks formen.

Für den Kartoffelschnee die Kartoffeln mit Salz und etwas Kümmel richtig weich kochen und dann warm stellen.

Nun die Eier 10 Minuten kochen. Sie schälen, halbieren und die Eiweiße und Eigelbe getrennt voneinander mit einem Küchenmesser fein hacken.

Zum Anrichten das Beeftatar zusammen mit den gehackten Eiern auf einem Teller anrichten. Nun die heißen Kartoffeln mit einer Presse auf den Teller drücken und mit etwas Meersalz und Crème fraîche garnieren. Zum Schluss den Kaviar auf dem Tatar platzieren.

STILTON-TARTELLETTES MIT PORTWEIN-FEIGEN

Zutaten

Tartellettes

250 g Mehl
ca. 140 g Butter
1 Prise Salz
1 Ei
200 g Linsen (oder andere trockene Hülsenfrüchte) zum Blindbacken

Stiltonfüllung

150 g Stilton
50 ml süße Sahne
50 g Crème fraîche
1 Ei
1 Eigelb
1 Prise Cayennepfeffer
1 Prise Zucker
Salz
schwarzer Pfeffer aus der Mühle
Muskat
etwas Zitronenthymian, geschnitten

Außerdem

4 Senf-Portwein-Feigen (Grundrezept S. 77)

Zubereitungsdauer

3 Stunden

Zubereitung

Für den Teig das Mehl mit 125 g Butter, dem Salz und dem Ei zu einem Mürbeteig verkneten. Diesen in Klarsichtfolie einwickeln und ca. 2 Stunden ruhen lassen. Ihn anschließend auf ca. 10 mm ausrollen und in gebutterte Förmchen füllen. Den Teig in den Förmchen mit Backpapier belegt mit den Linsen füllen. Den Ofen auf 180 °C Umluft vorheizen und die Tartellettes darin in 15 Minuten goldgelb backen. Sie danach aus dem Ofen nehmen und die Linsen, die den Teig nicht aufgehen lassen, entfernen.

Für die Stiltonfüllung den Stilton in 1 cm große Würfel schneiden. Diese mit der Sahne, der Crème fraîche, dem Ei und dem Eigelb vermengen und mit Salz, Zucker, Pfeffer und Muskat verfeinern. Den Ofen auf 200 °C Umluft vorheizen. Die fertige Stiltonmasse in die blind gebackenen Tartellettes einfüllen und 10 Minuten im Ofen backen.

Zum Anrichten die Senf-Portwein-Feigen leicht erwärmen und zusammen mit den Tartellettes auf einem Teller anrichten. Zum Schluss das Ganze mit etwas Zitronenthymian aromatisieren und servieren.

HUMMERCOCKTAIL »NEW STYLE 2008«

Zutaten

Hummer

4 bretonische Hummer à 400–500 g
3 l Court Bouillon (Grundrezept S. 48)
Eiswasser
2 Estragonzweige, fein geschnitten

Champignontatar

10 Champignons
Zitronensaft
Salz
1 EL Schnittlauchröllchen

Spargel

12 Stangen grüner Spargel
Salz
Zucker
Eiswasser
Zitronensaft
1 TL Puderzucker

Löwenzahnsalat

1 Bund Löwenzahnsalat
2 EL Balsamico-Dressing (Rezept S 44)

Außerdem

300 ml Cocktailsauce (Rezept S. 82)
10 Blättchen Kerbel

Zubereitungsdauer

3 Stunden

Zubereitung

Jeweils zwei Hummer mit Garn Rücken an Rücken binden, damit sich die Schwänze beim Kochen nicht wölben. Sie 6 Minuten in der Court Bouillon kochen, danach in Eiswasser kurz abschrecken und dann das Fleisch auslösen. Die Hummerschwänze entdarmen und die Karkasse auswaschen. Das Scherenfleisch in sehr feine Würfel schneiden und dieses Hummertatar mit Estragon verfeinern.

Für das Champignontatar die Champignons von den Stielen befreien, die Köpfe waschen und putzen und in feine Würfel schneiden. Diese mit etwas Zitronensaft, Salz und Schnittlauchröllchen abschmecken.

Für den grünen Spargel die Spargelstangen 5 cm unter der Spitze abschneiden. Die Spargelspitzen in Wasser mit Salz und etwas Zucker blanchieren und danach sofort in Eiswasser abschrecken. Sie anschließend halbieren und mit etwas Zitronensaft und Puderzucker marinieren.

Den Löwenzahnsalat zupfen, etwa ca. 5 Minuten in lauwarmes Wasser legen, abbrausen und abtropfen lassen. Ihn danach mit etwas Salatdressing marinieren.

Zum Anrichten die Hummerschwänze in gleich große Stücke schneiden und fächerartig auf den Tellern platzieren. Nun das Hummer- und das Champignontatar zu Nocken formen und auf den Tellern daneben anrichten. Den Spargel zwischen den einzelnen Hummerscheiben dekorativ anrichten. Die Cocktailsauce in die Karkassen der Hummerschwänze geben und diese parallel zu den Hummerschwänzen legen. Zum Schluss das Ganze mit den Salatspitzen und den Kräutern garnieren und servieren.

Rezeptfoto auf Folgeseite

SÜLZE VOM KALBSTAFELSPITZ MIT GEMÜSE

Zutaten für 10 Personen
(kleine Terrinenform)
Kalbstafelspitzsülze

2 Kalbstafelspitze à 400 g
4 l Wasser
200 g Kalbsknochen
Meersalz
300 g Suppengrün (Karotten, Sellerie, Zwiebeln, Lauch, Petersilie)
8 schwarze Pfefferkörner
1 Lorbeerblatt
1 Thymianzweig
schwarzer Pfeffer aus der Mühle
Muskat, gerieben
150 ml Weißweinessig oder weißer Balsamico-Essig
12 Blatt Gelatine
200 g Gemüsewürfel, fein blanchiert (Karotte, Lauch und Knollensellerie)
1 Bund Schnittlauch, in feine Röllchen geschnitten

Meerrettichschaum

100 g Gemüsemeerrettich aus dem Glas
100 g Crème fraîche
30 ml Milch
1 Zitrone, Saft
Salz
weißer Pfeffer aus der Mühle

Kernölvinaigrette

1 TL mittelscharfer Senf
30 ml Kürbiskernöl
20 ml Rapsöl

Zubereitung

Den Kalbstafelspitz zusammen mit den Kalbsknochen in 4 l kochendes Salzwasser geben und ca. 1,5 Stunden langsam weich kochen. Die Brühe immer wieder abschäumen und entfetten. Danach das Suppengrün, die Pfefferkörner, das Lorbeerblatt und den gewaschenen Thymianzweig dazugeben. Die Suppe noch weitere 30 Minuten köcheln lassen. Anschließend das Fleisch aus der Brühe nehmen und kalt stellen. Die Kalbsbrühe durch ein Tuch passieren. Sie danach mit Salz, Pfeffer, Muskat und dem Essig gut abschmecken Von der Brühe 1 l in eine Schüssel geben. Die Gelatine in kaltem Wasser einweichen, ausdrücken und dieser warmen Brühe auflösen.

Zum Einsetzen der Sülze etwas Tafelspitzgelee in eine Terrinenform gießen und fest werden lassen. Wenn die erste Geleeschicht fest geworden ist, den Tafelspitz in dünne Scheiben schneiden und in die Terrine einlegen. Erneut eine ca. 0,5 cm dicke Geleeschicht darübergeben, sie fest werden lassen und dann eine Schicht gewürfeltes Gemüse einsetzen. Nun Gelee, Fleisch und Gemüse schichtweise einsetzen, die letzte Schicht muss aus Gelee bestehen. Danach die Sülze im Kühlschrank ca. 8 Stunden anziehen lassen.

Für den Meerrettichschaum den Gemüsemeerrettich auf ein Tuch und den Meerrettichsaft in eine Schüssel geben. Den Gemüsemeerettich für eine anderweitige Verwendung aufbewahren, den Saft mit der Crème fraîche und der Milch verrühren und mit Zitronensaft, Salz und Pfeffer abschmecken.

Für die Kernölvinaigrette 100 ml Tafelspitzbrühe nacheinander mit dem Senf, den Ölen und dem Essig verrühren und zum Schluss mit den Gewürzen abschmecken.

3 EL weißer Balsamico-Essig
Salz
Zucker
schwarzer Pfeffer aus der Mühle

Kleines Gemüse
1 Bund Radieschen
20 Minikarotten
10 Mini-Navetten (Teltower Rübchen)
10 Lauchzwiebeln
10 Stangen grüner Spargel
Salz
Eiswasser
20 Pfifferlinge, klein
1 El Olivenöl
10 Kirschtomaten

Zubereitungsdauer
1 Tag und 5 Stunden

Die Radieschen waschen und vierteln. Die Minikarotten und die Navetten schälen, die Lauchzwiebeln und den Spargel putzen. Karotten, Navetten, Lauchzwiebeln und Spargel in Salzwasser blanchieren und in Eiswasser abschrecken. Die Pfifferlinge putzen, waschen, abtrocknen und in Olivenöl in einer Pfanne kurz sautieren. Die Kirschtomaten für 20 Sekunden in kochendes Wasser tauchen, in Eiswasser abschrecken und häuten. Das gesamte Gemüse und die Pilze in der Vinaigrette ca. 10 Minuten marinieren lassen.
Zum Anrichten die Terrine auf ein Brett stürzen. Die Sülze mit dem Elektromesser in 2 cm dicke Scheiben schneiden und diese zusammen mit dem kleinen Gemüse auf kalten Tellern anrichten. Zum Schluss die Meerrettichmischung mit einem Stabmixer aufschäumen und die Sülze damit nappieren.

LAUWARMER MEERESFRÜCHTESALAT

Zutaten

Meeresfrüchte und Limetten-Muschel-Nage

2 bretonische Hummer à 400–500 g
2 l Court Bouillon (Grundrezept S. 48)
Eiswasser
250 g Bouchot-Muscheln (kleine Miesmuscheln)
100 g Brunoise (feine Gemüsewürfel) aus Karotten, Knollensellerie und Staudensellerie
2 EL Olivenöl
30 ml Noilly Prat
40 ml trockener Weißwein
10 ml Pernod
1 Thymianzweig
2 Knoblauchzehen, geschält
100 g Butter, eiskalt und in Würfeln
2 unbehandelte Limetten, Saft und Abrieb
Salz
schwarzer Pfeffer aus der Mühle
1/2 Chilischote, mittelscharf, gehackt
4 Riesengarnelen (Kalibrierung 6–8)
4 Jakobsmuscheln in der Schale
300 g Calamaretti
12 Ofentomatenfilets (Grundrezept S. 70)

Artischocken

6 Miniartischocken (Poweraden)
1 Knoblauchzehe
1 Tomate
6 Basilikumblätter
1 Thymianzweig
1 Rosmarinzweig

Zubereitung

Für die Hummer die Court Bouillon aufkochen. Die Hummer in die kochende Brühe geben und ca. 7 Minuten neben dem Herd ziehen lassen. Sie anschließend in Eiswasser abschrecken. Sie anschließend vorsichtig auslösen und auf einem Küchentuch abtropfen. Für die Limetten-Muschel-Nage die Bouchot-Muscheln von den »Bärten« entfernen und unter fließendem kaltem Wasser säubern. Das gewürfelte Gemüse in einem Topf in wenig Olivenöl glasig dünsten. Die Muscheln zugeben, ebenfalls kurz angehen lassen und mit Noilly Prat, Weißwein und Pernod ablöschen. Mit Wasser auffüllen, bis die Muscheln bedeckt sind. Nun den gewaschenen Thymian und die Knoblauchzehen zugeben. Das Ganze 5 Minuten köcheln lassen, bis sich die Muscheln geöffnet haben. Den Fond abgießen und anschließend passieren. Die eiskalten Butterwürfel nach und nach in den Fond geben und mit dem Stabmixer vermischen, damit der Fond leicht bindet. Das Ganze mit dem frischem Saft und Abrieb der Limetten, Salz, Pfeffer aus der Mühle und etwas Chili abschmecken.

Die Riesengarnelen vom Kopf und von der Schale befreien. Sie an der Oberseite aufschneiden und den Darm entfernen.

Die Jakobsmuscheln mit einem Küchenmesser öffnen und den orangefarbenen Rogen (Corail) sowie die Braunteile entfernen.

Die Calamaretti von der Außenhaut befreien, putzen, innen ausspülen und in 2 cm dicke Ringe schneiden. Die Köpfe separat waschen.

Die Artischocken von den äußeren Blättern befreien, die Stiele schälen und halbieren. Die Knoblauchzehe schälen, die Tomate waschen und putzen, die Kräuter

6 Pfefferkörner
1 Lorbeerblatt
Salz

Zubereitungsdauer
2 Stunden

waschen. Die Artischocken zusammen mit den Pfefferkörnern, dem Lorbeerblatt, Knoblauch, Tomate und Kräutern in kochendem gesalzenem Wasser in 2 Minuten bissfest garen und aus dem Sud nehmen.
Nun die Riesengarnelen und die Jakobsmuscheln in einer beschichteten Pfanne mit wenig Olivenöl glasig braten. Danach die feinen Calamarettiringe scharf anbraten.
Zum Anrichten den lauwarmen Hummer auf den Teller platzieren und die anderen Meeresfrüchte rundherum arrangieren. Das Ganze mit den geputzten Artischocken und den Ofentomaten garnieren. Den Limetten-Muschel-Nage aufschäumen, über die Meeresfrüchte geben und servieren.

RINDERCARPACCIO »CIPRIANI«

Zutaten

400 g frisches Rinderfilet
3 Eigelbe
150 ml kaltgepresstes Distelöl
40 ml Milch
Salz
schwarzer Pfeffer aus der Mühle
1 TL Worcestershiresauce
1 unbehandelte Zitrone, Saft und Abrieb

Zubereitung

Das gut gekühlte, frische Rinderfilet sehr sorgfältig von Häuten, Sehnen und Fett befreien (parieren). Die Parüren für eine weitere Verwendung aufbewahren. Das parierte Fleisch zuerst in Klarsichtfolie, danach in Alufolie stramm einrollen und kurz im Tiefkühlfach anfrieren. Es danach mit einem sehr scharfen Messer in hauchdünne Scheiben schneiden.

Die Eigelbe verrühren. Nach und nach das Öl dazugeben und das Ganze unter ständigem Rühren zu einer homogenen Mayonnaise verarbeiten. Diese mit etwas Milch verdünnen und mit Salz, Pfeffer, Worcestershiresauce, Zitronensaft und -abrieb abschmecken.

Zum Anrichten vier flache Teller mit den Fleischscheiben auslegen, diese leicht salzen und pfeffern. Die Sauce mit einem Löffel in einem unregelmäßigen Gittermuster über das Fleisch träufeln und das Carpaccio sofort servieren.

Fischgerichte

"Moules
aus der
Kilo
Bio Lachs
vom Ganzen
100g 2,95 €

FOURNEAUX
M
käfer

WILDSTEINBUTT IN CHAMPAGNER-GEMÜSESUD

Zutaten

Wildsteinbutt

1 Steinbuttkotelett à ca. 2 kg
Meersalz, schwarzer Pfeffer aus der Mühle
Mehl zum Bestäuben
3 EL Olivenöl

Kartoffeln

500 g neue Kartoffeln
Meersalz
1 Thymianzweig
1 TL Kümmel

Champagner-Gemüsesud

3 Karotten
1 Knollensellerie
2 Stangen Lauch
4 Minifenchel
2 EL Butter
100 ml Weißwein
400 ml Fisch-Weißwein-Sauce (Grundrezept S. 55)
10 Estragonblätter
1 Thymianzweig
20 Kerbelblätter
15 Pimpinellenblätter
2 Sauerampferblätter, in Streifen geschnitten
1 Zitrone, Saft
Salz
20 ml Champagner

Zubereitungsdauer

3 Stunden

Zubereitung

Den Ofen auf 200 °C Umluft vorheizen. Den Steinbutt von beiden Seiten salzen und pfeffern, mit Mehl bestäuben und in einem großen Bräter in Olivenöl goldgelb anbraten. Ihn dann im vorgeheizten Ofen 20 Minuten glasig garen. Den Fisch anschließend auf einen vorgewärmten Teller geben und bei 70 °C im Ofen ruhen lassen.

Die Kartoffeln in Salzwasser zusammen mit Thymian und Kümmel weich kochen. Sie danach abgießen.

Für den Sud Karotten, Sellerie, Lauch und Fenchel waschen, schälen und in die gewünschte Form schneiden. Das geschnittene Gemüse anschließend in einer Pfanne in etwas Butter andünsten, mit Weißwein ablöschen und bissfest garen. Anschließend die Fisch-Weißwein-Sauce zugeben und einkochen. Die Kräuter putzen, waschen und dazugeben, das Ganze mit Zitrone und Salz verfeinern.

Zum Anrichten den Champagner in den Sud geben. Das fertige Gemüse über den Fisch geben und die gekochten, angedrückten Kartoffeln in der Schale rundherum ansetzen.

NAGELROCHEN »GRENOBLER ART«

Zutaten
4 Rochenflügel à 200 g
Mehl
Salz
schwarzer Pfeffer aus der Mühle
3 EL Olivenöl

Grenobler Sauce
3 Strauchtomaten
Eiswasser
1 Schalotte
40g Butter
100 ml Kalbsjus (Grundrezept S. 59)
2 unbehandelte Zitronen
1 Spritzer Sherryessig
8 Kapernäpfel mit Stiel
1 Knoblauchzehe
etwas Blattpetersilie, küchenfertig fein gehackt
Salz
Schwarzer Pfeffer aus der Mühle
Worcesterhiresauce
einige Thymianspitzen

Außerdem
Kartoffelpüree (Grundrezept S. 70)

Zubereitungsdauer
2 Stunden

Zubereitung
Die Rochenflügel in der Fischabteilung filetieren lassen. Sie salzen, pfeffern, leicht mehlieren und in einer beschichteten Pfanne in etwas Olivenöl goldgelb anbraten.
Für die Sauce die Strauchtomaten in kochendem Wasser kurz blanchieren und in Eiswasser abschrecken. Sie häuten, vierteln, vom Kerngehäuse befreien und in kleine, feine Würfel schneiden. Die Schalotte schälen, fein würfeln und in Butter glasig dünsten. Den Kalbsjus zugeben und etwas einkochen lassen. Die Zitronen filieren und dabei den Saft auffangen. Ihn zusammen mit dem Sherryessig, den Zitronenfilets, den Tomatenwürfeln und den Kapernäpfeln zu der Sauce geben. Zum Schluss den Knoblauch schälen, fein hacken und zusammen mit der Petersilie in die Sauce rühren. Diese mit Salz, Pfeffer, Worcesterhiresauce und den Thymianspitzen abschmecken.
Zum Anrichten die Rochenflügel auf vorgewärmte Teller geben und mit der Grenobler Sauce leicht nappieren. Als Beilage das Kartoffelpüree reichen.

Rezeptfoto auf Folgeseite

FELSENROTBARBE MIT GEWÜRZTER PANCETTA

Zutaten

Pot au feu

4 Artischocken
1 g Ascorbinsäure
4 Schalotten
1/2 Stange Staudensellerie
1 Karotte
1/2 Fenchelknolle
2 Knoblauchzehen
100 g Pancetta (italienischer Bauchspeck)
3 EL Olivenöl
250 ml Hühnerbrühe
30 ml Weißwein
30 ml Noilly Prat
10 Koriandersamenkörner
1 Zitrone, Saft
1 Lorbeerblatt
schwarzer Pfeffer aus der Mühle
100 g Taggiasche-Oliven

Felsenrotbarbe

4 Felsenrotbarben à 250–300 g
Salz, schwarzer Pfeffer aus der Mühle
1/2 Zitrone, Saft
3 EL Olivenöl
10 junger Knoblauchzehen
1 Thymianzweig, 1 Rosmarinzweig

Thymiangnocchi

Kartoffelgnocchi (Grundrezept S. 68)
1 EL Thymianblättchen, gehackt
Salz
20 g Butter
30 g Parmesan, gerieben

Zubereitung

Für den Pot au feu die Artischocken putzen, dabei die trockenen, harten Blätter, die harten Blätteranteile und die Stiele sowie das Heu entfernen. Die geputzten Artischocken in kaltes, mit Ascorbinsäure versetztes Wasser (pro l Wasser 1 g Ascorbinsäure) legen, sodass sie leicht bedeckt sind. Das Gemüse waschen, putzen, schälen und fein würfeln, den Knoblauch schälen und fein würfeln. Die Artischocken aus dem Wasser nehmen, abtropfen lassen, zerschneiden und zusammen mit der Pancetta in Olivenöl anbraten. Nun das klein gewürfelte Gemüse und den Knoblauch hinzugeben, mit der Hühnerbrühe, Weißwein, Noilly Prat aufgießen und das Ganze zur Hälfte einkochen. Koriandersamen, Zitronensaft, Lorbeer und Pfeffer zugeben und alles ca. 20 Minuten leicht köcheln lassen. Anschließend etwas Olivenöl und die Oliven dazugeben.

Die Rotbarben vom Fischhändler schuppen, waschen und hohl auslösen lassen. Sie mit Salz, Pfeffer und Zitrone innen und außen würzen und dann in einer Pfanne in Olivenöl anbraten. Die Fische dabei mit einer weiteren Sauteuse beschweren. Den Knoblauch schälen und zusammen mit den gewaschenen Kräutern in die Pfanne geben.

Für die Thymiangnocchi die Thymianblättchen in die Kartoffelmasse einarbeiten. Die Gnocchi formen und in 2 Minuten in Salzwasser garen. Sie danach herausheben, abtropfen lassen und zusammen mit etwas Butter und Parmesan in einer Sauteuse schwenken.

Zum Anrichten das Artischockengemüse auf einer Platte anrichten. Den Fisch daraufsetzen und diesen mit der Pancetta belegen. Die Gnocchi separat in einer Schale servieren.

100
150

BRETONISCHER HUMMER MIT ERBSENTORTELLINI

Zutaten

Erbsentortellini

300 g Erbsen, tief gekühlt
2 Schalotten, geschält und fein geschnitten
3 EL Butter
40 ml weißer Portwein
60 ml süße Sahne
1/2 Bund Minze, gewaschen und gezupft
Muskat, gerieben
Zucker
Salz
300 g Nudelteig (Grundrezept S. 67)
1 Eigelb

Hummer

2 bretonische Hummer à 400 g
3 Liter Court Bouillon (Grundrezept S. 48)
Eiswasser

Ingwerbutter

1 Ingwerknolle
100 g Butter
1 Limone, Saft
Meersalz

Zubereitungsdauer

4 Stunden

Zubereitung

Für die Tortellinifüllung die Erbsen zusammen mit den Schalotten in etwas Butter anschwitzen. Mit Portwein ablöschen und etwas reduzieren lassen. Die Sahne angießen und kurz mitkochen. Nun die heiße Masse in einen Mixer geben und mit 1 EL Butter, der Minze und den Gewürzen fein mixen. Dann den Nudelteig mit der Maschine ausrollen und die Masse aufdressieren. Den freien Boden mit Eigelb bepinseln und mit einer zweiten Nudelplatte bedecken. Nun die Tortellini ausstechen und formen. Diese in siedendem Salzwasser kochen und in einer Pfanne mit zerlassener Butter schwenken.

Die Hummer in der Court Bouillon 4 Minuten kochen und anschließend in Eiswasser abschrecken. Sie nun halbieren, die Scheren ausbrechen, vom Darm befreien und mit warmem Wasser ausspülen.

Für die Ingwerbutter den Ingwer schälen und würfeln. Ihn in einer Pfanne zusammen mit der Butter, dem Limonensaft und Salz erhitzen. Das Ganze einige Minuten ziehen lassen und anschließend den Hummer in der Karkasse darin kurz sautieren.

Die Hummer auf Tellern anrichten, die Tortellini zugeben und alles mit der Ingwerbutter nappieren.

Rezeptfoto auf Folgeseite

SEETEUFEL, SAUCE ROUILLE UND RÖSTBAGUETTE

Zutaten

Bouchot-Muschelsud

500 g Bouchot-Muscheln, küchenfertig
3 EL Olivenöl
1 Knoblauchzehe
2 Thymianzweige
1 Estragonzweig
10 Blätter Basilikum
1 Lorbeerblatt
300 g Gemüse, küchenfertig und fein gewürfelt (Zwiebeln, Karotten, Sellerie, Fenchel)
10 Safranfäden
100 ml trockener Weißwein
50 ml Pernod
50 ml Noilly Prat
150 ml Fischfond (Grundrezept S. 51)
Salz
schwarzer Pfeffer aus der Mühle
100 g Butterwürfel, kalt
50 g Crème fraîche

Sauce Rouille

1 rote Paprikaschote
160 ml Olivenöl
1 Knoblauchzehe
2 Eigelbe
wenig Dijonsenf
Salz
50 g Kartoffeln, gekocht
1/2 Chilischote, gehackt
1/2 Zitrone, Saft

Zubereitung

Für den Bouchot-Muschelsud die gewaschenen Muscheln in einem Topf mit heißem Olivenöl andünsten. Den Knoblauch schälen, die Kräuter waschen. Alles zusammen mit dem Gemüse und dem Safran zu den Muscheln geben und mit Weißwein, Pernod, Noilly Prat und Fischfond aufgießen. Die Muscheln einmal aufkochen und ca. 5 Minuten bei kleiner Hitze ziehen lassen. Anschließend den Sud abgießen und durch ein Tuch passieren. 50 ml Sud beiseitestellen, den restlichen Fond etwas reduzieren und mit Salz und Pfeffer abschmecken. Dann mit einem Stabmixer die Butter und die Crème fraîche nach und nach vorsichtig einrühren (einmontieren), damit sie bindet. Nun zwei Drittel der Muscheln aus der Schale lösen und in dem Sud erwärmen. Die restlichen Muscheln in den Schalen belassen und zum Garnieren beiseitestellen.
Für die Sauce Rouille die Paprikaschote mit Olivenöl bestreichen. Sie auf einem Blech im Ofen bei 180 °C Umluft so lange grillen, bis die Haut Blasen wirft und sich leicht abziehen lässt. Die Paprikaschote häuten, den Knoblauch schälen. Beides zusammen mit den Eigelben, dem Dijonsenf und einer Prise Salz in einen Mixer geben. Das Ganze vermischen, dabei nach und nach 150 ml Olivenöl einlaufen lassen, bis eine Mayonnaise entsteht. Nun den beiseitegestellten Muschelfond dazugeben, dann die warmen Kartoffeln zum Abbinden unterrühren. Die Sauce mit etwas Chili, Zitronensaft und Salz verfeinern.
Das Baguette in dünne Scheiben schneiden. Diese mit Knoblauch einreiben und in einer Pfanne in Olivenöl goldgelb von beiden Seiten anrösten. Sie danach auf einem Küchentuch abtropfen lassen. Nun den Seeteufel mit Salz und Pfeffer würzen, leicht mehlieren und

Seeteufel

1 Baguette
1 Knoblauchzehe
100 ml Olivenöl
ca. 2 kg Seeteufel aus dem Atlantik, küchenfertig vorbereitet, im Ganzen ohne Kopf
Salz
schwarzer Pfeffer aus der Mühle
etwas Mehl
3 Stiele Fenchelholz (Sassafras-Lorbeer, in der Fischabteilung erhältlich)
1 Thymianzweig
1 TL Fenchelsamen
1 Knoblauchzehe, geschält
1 EL Butter

Zubereitungsdauer

2,5 Stunden

in einer Pfanne in Olivenöl von beiden Seiten scharf anbraten. Den Ofen auf 200 °C Umluft vorheizen. Den Fisch in einem Bräter ca. 15 Minuten im vorgeheizten Ofen backen. Ihn danach wieder herausnehmen und in einer Pfanne zusammen mit dem Fenchelholz, dem Thymian, den Fenchelsamen, dem geschälten Knoblauch und etwas Butter nachbraten.

Zum Anrichten den Seeteufel auf eine vorgewärmte Platte geben und mit dem Muschelsud übergießen. Die gerösteten Baguettescheiben mit der Sauce Rouille bestreichen und separat dazu reichen.

Bio-Lachs-
Kotelettes

Jakobsmuschel
4,85 €
Garnelen
Black Tiger-
geschält

Pommery®
Pommery et ses héritiers
ont jalousement gardé
ce secret. Composée
de produits de
qualité qui
lui valent
IMPERARE OMNIBUS CIBIS

KABELJAU MIT CHAMPAGNER-SENF-SAUCE

Zutaten

Grenaille-Kartoffeln

500 g Grenaille-Kartoffeln
1 TL Kümmel
1 Thymianzweig
20 g Butter
2 EL Blattpetersilie, küchenfertig gehackt
Salz, Muskat, gerieben

Kabeljau

4 Kabeljaufilets von den Lofoten à 180 g
1 l Wasser
45 g Meersalz
3 Lorbeerblätter
1 Thymianzweig
2 Knoblauchzehen, geschält
1 Spritzer Estragonessig

Champagner-Senf-Sauce

400 ml Fisch-Weißwein-Sauce (Grundrezept S. 55)
3 EL grober Senf
50 ml Champagner

Geschmorte Gartengurken

2 Salatgurken
Salz
50 g Ingwer, geschält
1 EL Dill, gehackt
20 g Butter
Zucker

Zubereitungsdauer

3 Stunden

Zubereitung

Für die Grenaille-Kartoffeln die Kartoffeln schälen und zusammen mit dem Kümmel und dem Thymian in 30 Minuten weich kochen.

Für den Kabeljau beim Fischhändler schöne dicke Rückenstränge vom Kabeljau portionieren lassen. Das Wasser zusammen mit Meersalz, Kräutern, Knoblauch und Essig aufkochen und in 7 Minuten zu einem Fond einkochen. Diesen ca. 10 Minuten bei schwacher Hitze ziehen lassen.

Für die Champagner-Senf-Sauce die Fisch-Weißwein-Sauce aufkochen und den Senf einrühren.

Für die Gartengurken die Gurken schälen, entkernen und in gleichmäßige Würfel schneiden. Diese in Salzwasser zusammen mit dem Ingwer und blanchieren. Sie anschließend kurz in der Butter zusammen mit dem Dill unter ständigem Wenden anbraten, ohne sie Farbe annehmen zu lassen (anziehen). Etwas Gemüsefond dazugeben und das Ganze mit Salz und etwas Zucker abschmecken.

Nun den restlichen Gemüsefond aufkochen. Die Kabeljaufilets in den kochenden Sud geben und darin in ca. 7 Minuten bei schwacher Hitze garen. Sie danach herausnehmen und abtropfen lassen.

Für die Kartoffeln die Butter aufschäumen und die Kartoffeln darin zusammen mit der Petersilie schwenken, mit Salz und Muskat würzen.

Zum Anrichten die Fischfilets auf vorgewärmte Teller setzen. Den Champagner in die Senfsauce geben und diese über die Filets gießen. Die Kartoffeln und die Gartengurken daneben platzieren und servieren.

SEEZUNGE »MÜLLERIN ART«

Zutaten

4 ganze Seezungen à 400–600g aus dem Atlantik, küchenfertig
Salz
schwarzer Pfeffer aus der Mühle
Mehl zum Bestäuben
3 EL Olivenöl
4 kleinere, unbehandelte Zitronen
100 g Butter
50 ml Kalbsjus (Grundrezept siehe S. 59)
1 Spritzer Worcesterhiresauce
1/2 Bund Blattpetersilie, küchenfertig gehackt

Zubereitungsdauer

1 Stunde

Zubereitung

Die Seezungen von beiden Seiten salzen, pfeffern und gut mehlieren. Sie in einer sehr heißen Pfanne in Olivenöl von beiden Seiten jeweils 5 Minuten kross anbraten. Die Zitronen schälen und in Scheiben schneiden. Die Seezungen aus der Pfanne nehmen und mit den Zitronenscheiben belegen.
Die Butter in einer heißen Pfanne leicht bräunen, den Kalbsjus aufgießen und das Ganze kurz aufkochen. Mit der Worcesterhiresauce und der gehackten Petersilie verfeinern.
Zum Anrichten jeweils 1 Seezunge auf einen Teller platzieren und mit der Sauce begießen.

Rezeptfoto auf Folgeseite

BACHSAIBLING MIT KARTOFFELSCHUPPEN

Zutaten

Bachsaibling

6 Kartoffeln, festkochend
100 ml geklärte Butter (Grundrezept S. 44)
4 Saiblingsfilet ohne Haut à 150 g
3 EL Olivenöl
1 EL Butter, kalt
1 Thymianzweig
Salz
schwarzer Pfeffer aus der Mühle

Rotweinreduktion

20 g Zucker
20 ml alter Balsamico-Essig (13 Jahre)
200 ml roter Portwein
200 ml Rotwein
1 Rosmarinzweig
1 Thymianzweig
1 Lorbeerblatt

Kresse-Rahmspinat

50 g Gartenkresse
320 g Rahmspinat (Rezept S. 185)

Pfifferlinge

350 g kleine Pfifferlinge
1 EL Erdnussöl
Salz
schwarzer Pfeffer aus der Mühle
1 EL Schnittlauchröllchen

Zubereitungsdauer

3 Stunden

Zubereitung

Für die Kartoffelschuppen die Kartoffeln schälen und mit einer Aufschnittmaschine in 2 mm dünne Scheiben schneiden. Aus diesen mit einem Ausstecher (Durchmesser 2 cm) gleichmäßige runde Schuppen ausstechen. Diese in etwas warmer geklärter Butter kurz ziehen lassen und dann den Fisch damit gleichmäßig in eine Richtung belegen. Nun etwas Olivenöl in einer beschichteten Pfanne erhitzen, den Fisch vorsichtig einlegen und bei geringer Hitze goldbraun anrösten. Ihn nach rund 4 Minuten wenden, etwas kalter Butter und Thymian dazugeben, salzen und pfeffern.

Für die Rotweinreduktion den Zucker in einer Sauteuse karamellisieren, mit Essig ablöschen, mit dem Portwein und dem Rotwein aufgießen. Die Flüssigkeit sirupartig einkochen, dann die gewaschenen Kräuter zugeben und 10 Minuten ziehen lassen. Die Reduktion anschließend passieren.

Für den Kresse-Rahmspinat die Kresse schneiden und waschen. Etwas Kresse für die Garnitur beiseitelegen, den Rest mit dem fertigen Rahmspinat vermengen.

Die Pfifferlinge putzen und in Erdnussöl sautieren.

Zum Anrichten den Rahmspinat auf warme Teller geben und die Fischfilets zentral daraufplatzieren. Sie mit etwas Kresse dekorieren und mit der Rotweinreduktion umträufeln. Die sautierten Pfifferlinge würzen, mit feinen Schnittlauchröllchen verfeinern und auf dem Teller verteilen.

JAKOBSMUSCHELN MIT PÉRIGORD-TRÜFFEL

Zutaten

4 Jakobsmuscheln in der Schale
150 g Blumenkohlröschen, geputzt
Salz
schwarzer Pfeffer aus der Mühle
30 g Périgord-Trüffel, frisch
1 Platte Blätterteig, tiefgekühlt
1 Eigelb
100 ml Madeira
100 ml roter Portwein
60 ml Crème double
Meersalz

Zubereitungsdauer

3 Stunden

Zubereitung

Mit einem kurzen, kräftigen Messer zwischen den Schalenrändern der Jakobsmuscheln entlangfahren und diese so öffnen. Das Muskelfleisch auslösen, dabei die dunklen Teile entfernen und den orangenfarbenen Corail (Rogen) zur Seite legen. Er wird für dieses Gericht nicht benötigt, kann aber anderweitig verwendet werden. Den weißen Muskel gründlich unter fließendem kaltem Wasser abspülen und auf eine Serviette zum Trocknen legen. Die leere Schale ebenfalls gründlich reinigen.

Nun die Blumenkohlröschen kurz in Salzwasser blanchieren. Sie anschließend in den unteren Muschelschalen verteilen. Das Muschelfleisch daraufsetzen, pfeffern und zum Schluss insgesamt etwa 20 g Trüffel darüberhobeln. Dann die Jakobsmuscheln mit den Muscheldeckeln schließen.

Den Ofen auf 200 °C vorheizen. Den Blätterteig in 2 cm dicke Streifen schneiden, mit Eigelb bepinseln und um die Kante der Muschel geben. Nun die Oberseite des Blätterteigs bestreichen und die Jakobsmuscheln im vorgeheizten Ofen 10 Minuten garen.

Für die Sauce den Madeira zusammen mit dem Portwein auf insgesamt 100 ml einkochen. Nun die Crème double zugeben. Die restlichen Trüffeln fein hacken und das Ganze damit verfeinern.

Zum Anrichten die fertig gebackene Jakobsmuscheln auf Teller mit Meersalz geben und so servieren. Ihre Gäste sollten die Jakobsmuschel selbst öffnen, um den Geruch dieses Gerichts zu genießen. Die Sauce wird extra gereicht.

STEAK VOM YELLOWFIN-THUNFISCH

Zutaten

Koriander-Süßkartoffelpüree

2 l Wasser
400 g Süßkartoffeln
200 ml Milch
Salz
Zucker
70 g Butterwürfel, eiskalt
1 EL Butter, zimmerwarm, zum Braten
70 g Ingwer
Muskat, gerieben
10 Koriandersamen, gemahlen
1 Bund Koriander

Teriyaki-Balsamico-Sauce

60 g brauner Zucker
250 g Balsamico-Essig
300 ml Hühnerbrühe
1TL Mirin (süßer japanischer Reiswein)
1 TL Sojasauce
1 EL Speisestärke

Yellowfin-Thunfisch

4 Steaks vom Yellowfin-Thunfisch à 200 g
grobes Meersalz
schwarzer Pfeffer aus der Mühle
2 EL Erdnussöl
20 g schwarze Sesamkörner
20 g weiße Sesamkörner

Zubereitungsdauer

1,5 Stunden

Zubereitung

Für das Püree die Süßkartoffeln schälen und in kleine Stücke schneiden. Sie in einem Topf zusammen mit dem Wasser, der Milch, Salz und einer Prise Zucker weich kochen. Sie anschließend aus der Flüssigkeit nehmen und noch heiß in einem Mixer mit den Butterwürfeln vermixen. Den Ingwer schälen und in feine Würfel schneiden. Diese kurz in etwas schäumender Butter anrösten und zum Püree geben. Das Ganze mit Salz und etwas Muskat sowie dem Koriander abschmecken.

Für die Sauce den braunen Zucker in einem Topf karamellisieren und mit Balsamico-Essig ablöschen. Die Hühnerbrühe, Mirin und Sojasauce angießen. Die Speisestärke in etwas Wasser anrühren und die Sauce damit leicht abbinden. Sie noch ca. 2 Minuten kochen lassen und dann vom Herd nehmen.

Die Thunfischsteaks salzen, pfeffern und in einer sehr heißen Pfanne in wenig Erdnussöl von beiden Seiten scharf anbraten. In einer anderen Pfanne die Sesamkörner trocken rösten.

Zum Anrichten den Koriander putzen, waschen, fein hacken und unter das Süßkartoffelpüree heben. Auf vorgewärmte Teller einen Saucenspiegel gießen und die Thunfischsteaks darauf setzen. Sie mit den gerösteten Sesamkörnern und grobem Meersalz bestreuen. Nun das Püree dazugeben und servieren.

WEISSWEINRISOTTO MIT CALAMARETTI

Zutaten

Risotto

1 weiße Zwiebel
200 g Arborio-Reis
30 ml Olivenöl
100 ml Weißwein
600 ml Hühnerbrühe
70 g Butter
50 g Parmesan, gerieben
Meersalz
1 1/2 Zitronen, Saft
weißer Pfeffer aus der Mühle

Calamaretti

300 g Calamaretti, küchenfertig geputzt
1 Knoblauchzehe
1 Thymianzweig
1 EL Olivenöl
1/2 Zitrone, Saft
1 EL Blattpetersilie, gehackt
2 EL Sahne, geschlagen

Zubereitung

Für den Risotto die Zwiebel schälen und fein würfeln. Sie zusammen mit dem Reis in Olivenöl 3 bis 4 Minuten glasig dünsten. Das Ganze mit Weißwein ablöschen und diesen komplett einkochen lassen. Nun nach und nach unter ständigem Rühren die Hühnerbrühe zugeben. Dabei immer warten, bis der Reis die Flüssigkeit aufgesaugt hat, und dann sofort Brühe nachfüllen. Diesen Vorgang einige Male wiederholen, bis der Reis nach ca. 20 bis 25 Minuten die gewünschte Bissfestigkeit erreicht hat. Nun die Butter und den Parmesan unterrühren und den Risotto mit Salz, dem Saft von 1 Zitrone und etwas Pfeffer abschmecken.
Die Calamaretti in 2 mm dicke Ringe schneiden. Den Knoblauch schälen und hacken, den Thymian waschen und abtrocknen. Die Tintenfischringe zusammen mit dem Knoblauch und dem Thymian in einer beschichteten Pfanne in heißem Olivenöl 30 Sekunden scharf anbraten. Sie auf einem Tuch abtropfen lassen und mit Zitronensaft und Petersilie abschmecken.
Zum Anrichten die Sahne unter den Risotto heben. Den Risotto auf den vorgewärmten Tellern verteilen und die Calamaretti daraufsetzen.

MOËT & CHANDON

Zwischen-gerichte

1995
Château
Mouton Rothschild
6L

KÄFERS HUMMEREINTOPF MIT GARTENKRÄUTERN

Zutaten

1 l Fischfond (Grundrezept S. 51)
200 g feine Gemüsewürfel (Fenchel, Knollen- und Staudensellerie, Zwiebeln und Lauch)
400 g Rinderwade (vom Metzger gewolft)
100 ml Cognac
100 ml Weißwein
2 Msp Kreuzkümmel, gemahlen
1 TL Madrascurry
1 TL Fenchelsamen
1 Msp Cayennepfeffer
2 kanadische Hummer à 400–500g
3 l Court Bouillon (Grundrezept S. 48)
Blumenkohl
200 g Blumenkohl
Salz
1 TL Kurkuma
Eiswasser
50 g Kräuterbutter (Grundrezept S. 46), eiskalt
30 g Dill, frisch
20 g Estragon, frisch
20 g Schnittlauchröllchen
100 g feine Gemüsewürfel, blanchiert (Fenchel, Lauch, Knollen- und Staudensellerie)
2 EL süße Sahne, geschlagen
20 ml Champagner

Zubereitungsdauer

4 Stunden

Zubereitung

Für den Sud den Fischfond zusammen mit den Gemüsewürfeln und der gewolften Rinderwade unter ständigem Rühren zum Kochen bringen. Ihn ca. 30 Minuten bei kleiner Hitze ziehen lassen und immer wieder abschäumen. Dann den geklärten Fischfond durch ein Tuch passieren. Den Cognac mit dem Weißwein aufkochen und auf die Hälfte reduzieren. Die Reduktion zu dem fertigen Fond geben und alles mit Kreuzkümmel, Madrascurry, Fenchelsamen und Cayennepfeffer pikant abschmecken.
Die Hummer in der Court Bouillon ca. 7 Minuten glasig kochen. Die Hummerschwänze herausdrehen, das Schwanzfleisch aus der Schale lösen und längs halbieren. Die Scheren und die Gelenke ebenfalls ausbrechen und das Fleisch herauslösen. Alles in kleine Stücke schneiden und beiseitestellen.
Den Blumenkohl waschen, putzen und in kleine Röschen schneiden. Diese in Salzwasser zusammen mit etwas Kurkuma bissfest kochen. Sie anschließend in Eiswasser abschrecken.
Zum Anrichten den Fond nochmals aufkochen und mit dem Schneebesen die eiskalte Kräuterbutter einrühren. Danach die gewaschenen frischen Kräuter, die blanchierten Gemüsewürfel und den Blumenkohl zugeben. Den in Stücke geschnittenen Hummer vor dem Anrichten nur im Sud kurz erwärmen und mit Schlagsahne und Champagner vollenden. Den Hummereintopf in tiefen Tellern oder in Suppenterrinen servieren.

SPARGEL »PRIMAVERA« MIT OLIVENÖL

Zutaten

20 Stangen weißer Spargel
Salz
1 EL Zucker
2 Zitronen, Saft
16 Stangen grüner Spargel
Eiswasser
50 g Butter
100 g Bioparmesan
100 ml bestes ligurisches Olivenöl
schwarzer Pfeffer aus der Mühle

Zubereitungsdauer

1,5 Stunden

Zubereitung

Den weißen Spargel schälen und in Salzwasser zusammen mit einer Prise Zucker und etwas Zitronensaft bissfest kochen. Ihn danach schnell abkühlen und im abgekühlten Spargelfond etwas ziehen lassen. Den grünen Spargel im selben Fond ebenfalls bissfest kochen und ebenfalls in Eiswasser abschrecken. Das untere Drittel der Spargelstangen abschneiden.
Zum Anrichten die Spargelstangen im Kochsud erwärmen, versetzt auf vorgewärmte Teller legen und mit Zitronensaft beträufeln. Den Parmesan darüberhobeln und zum Schluss großzügig mit Olivenöl beträufeln. Das Ganze am Tisch mit schwarzem Pfeffer aus der Mühle noch einmal würzen.

Rezeptfoto auf Folgeseite

STEINPILZRAVIOLI MIT GRUYÈRE-SCHAUM

Zutaten

Steinpilzravioli

700 g frische Steinpilze
1 Schalotte, geschält und gewürfelt
2 EL Olivenöl
schwarzer Pfeffer aus der Mühle
100 g Ricotta
2 EL Blattpetersilie, gehackt
2 EL Mie de Pain (frisch geriebene Brotkrume)
Salz
1 Knoblauchzehe, geschält und gehackt
500 g Nudelteig (Grundrezept S. 67)
etwas Grieß
30 g Butter
100 g Parmesan, gerieben

Gruyère-Schaum

5 Eigelbe
200 g alter Gruyère
500 ml süße Sahne
1 Rosmarinzweig
1 Thymianzweig
1 Lorbeerblatt
Salz
etwas Muskat, gerieben
1 Knoblauchzehe, geschält und gehackt

Zubereitungsdauer

3 Stunden

Zubereitung

Für die Füllung die Steinpilze putzen. 500 g Steinpilze fein würfeln, den Rest beiseitestellen. Die Schalotte zusammen mit den Pilzwürfeln in etwas Olivenöl anbraten und mit Pfeffer würzen. Die Masse auf ein feines Sieb geben und den Abtropffond aufbewahren. Sie nun mit Ricotta, Petersilie und Mie de Pain vermengen, mit Knoblauch, Salz und Pfeffer würzen. Nun den Abtropffond in einer Kasserolle einkochen, bis er dickflüssig ist. Ihn dann ebenfalls in die Steinpilzmasse einrühren.

Nun den Nudelteig ausrollen und die Steinpilzmasse in einen Spritzbeutel geben. Sie auf den Nudelteig dressieren, den Teig zuschneiden und zu Ravioli formen. Ein Backblech mit Backpapier auslegen und mit etwas Grieß bestreuen. Die Ränder der Ravioli zusammendrücken und die Ravioli auf das Blech legen.

Für den Gruyère-Schaum die Eigelbe mit dem Käse verrühren. Die Sahne zusammen mit den gewaschenen Kräutern zum Kochen bringen, noch kochend auf die Käse-Ei-Masse gießen und das Ganze schnell verrühren. Wenn sich der Käse aufgelöst hat, die Masse durch ein feines Sieb in eine Kasserole passieren. Dabei darauf achten, dass die Masse nun nicht mehr kocht, da sonst das Eigelb gerinnt.

Die restlichen Steinpilze in Butter anbraten und mit Salz, Pfeffer und Knoblauch würzen. Die Ravioli in Salzwasser 2 Minuten kochen und kurz auf einer Serviette abtropfen lassen. Gruyère-Masse kurz auf ca. 80 °C erwärmen und mit einem Handmixgerät aufschäumen.

Zum Anrichten die Ravioli auf vorgewärmte Teller geben und mit dem Gruyère-Schaum nappieren. Die gebratenen Steinpilze dazugeben und mit dem geriebenen Parmesan vollenden.

LAUCHQUICHE MIT PÉRIGORD-TRÜFFEL

Zutaten für eine große Backform (8 Personen)

Lauchquiche

1 Platte Blätterteig, tief gefroren
1 EL Butter
etwas Mehl
200 g Linsen (oder andere trockene Hülsenfrüchte) zum Blindbacken
3 Stangen Lauch
Salz
5 Eier
250 ml Milch
1 EL Crème fraîche
Muskat, gerieben
1 TL Trüffelöl
100 g Périgord-Trüffel

Olivenöl-Parmesan-Creme

100 ml Crème double
Salz
schwarzer Pfeffer aus der Mühle
100 g Bioparmesan, gerieben
3 EL Olivenöl

Zubereitungsdauer

3 Stunden

Zubereitung

Den Ofen auf 200 °C Umluft vorheizen. Den Blätterteig ca. 2 mm dünn ausrollen. Die Backform mit Butter einfetten, mit Mehl ausstauben und den Teig darin auslegen. Ihn nun mit Backpapier abdecken und die Linsen einfüllen. Ihn anschließend im vorgeheizten Ofen 10 Minuten vorbacken, danach aus dem Ofen nehmen und die Linsen und das Backpapier entfernen. Den Ofen nicht ausschalten.

Den Lauch putzen, waschen, in feine Ringe schneiden. Diese kurz in kochendem Salzwasser blanchieren und mit einer Serviette stark ausdrücken. Es ist wichtig, dass der Lauch sehr trocken ist. Nun die Eier mit der Milch, der Crème fraîche, Salz, Muskat und etwas Trüffelöl verrühren und die Mischung mit dem Lauch vermengen. Anschließend mit einem Trüffelhobel 50 g Périgord-Trüffel in die Lauchmasse hobeln und diese in den Blätterteigboden füllen. Die Quiche bei 200 °C im vorgeheizten Ofen ca. 30 Minuten backen.

Für die Olivenöl-Parmesan-Creme die Crème double anschlagen. Den geriebenen Parmesan unterheben und das Olivenöl einrühren.

Zum Anrichten die Quiche in gleich große Stücke schneiden und auf vorgewärmten Tellern anrichten. Den restlichen Trüffel darüberhobeln. Die Quiche zusammen mit der Olivenöl-Parmesan-Creme servieren.

PRODUCT OF FRANCE
SAINT ANDRÉ

39210
COMTE
APPELLATION D'ORIGINE CONTROLÉE

KAISERGRANATE IM FILOTEIG MIT SAUCE VERTE

Zutaten

Kaisergranate

8 Kaisergranate
1 Bund Basilikum
2 Lagen Filo- oder Kanakiteig (griechischer oder türkischer Strudelteig)
etwas Speisestärke
500 ml Erdnussöl zum Frittieren

Sauce verte

2 Bund Basilikum
1 Bund Petersilie
1 Knoblauchzehe
50 g Pinienkerne
150 ml Olivenöl
Salz
schwarzer Pfeffer aus der Mühle
2 Bund Rucola
2 EL Balsamico-Dressing (Grundrezept S. 44)
12 Ofentomatenfilets (siehe S. 70)

Zubereitungsdauer

1,5 Stunden

Zubereitung

Die Kaisergranate auslösen und unter fließendem, kaltem Wasser reinigen. Sie anschließend und auf einem Küchentuch trocknen. Große Basilikumblätter abzupfen, waschen und trocknen. Das Fleisch der einzelnen Kaisergranate darin einwickeln und dann in mehrere Lagen des Filoteigs einschlagen. Damit der Filoteig schön abschließt, etwas Speisestärke in Wasser anrühren und die äußere Teigkante damit bepinseln. Nun in einem Topf Erdnussöl auf 220 °C erhitzen und die eingewickelten Kaisergranate darin goldgelb frittieren. Sie danach warm stellen.

Für die Sauce das Basilikum und die Petersilie waschen, trocknen und die Blätter abzupfen. Den Knoblauch schälen. Die Kräuter zusammen mit dem Knoblauch, den Pinienkernen und dem Olivenöl im Mixer oder Mörser fein pürieren, mit Salz und Pfeffer abschmecken. Die fertige Sauce in einen dunklen, verschließbaren Glasbehälter geben. Darin hält sie sich ca. eine Woche.

Den Rucola waschen, putzen und trocknen und mit dem Balsamico-Dressing marinieren.

Zum Anrichten die frittierten Kaisergranate auf die Teller setzen und mit etwas Rucolasalat und Ofentomaten garnieren. Die Sauce verte in ein Schälchen geben und separat servieren.

BREZNKNÖDEL MIT RAHMPFIFFERLINGEN

Zutaten

Breznknödel

200 g Brezen vom Vortag
100 g altbackenes Weißbrot
250 ml Milch
2 Schalotten
50 g Butter
4 Eier
50 g Blattpetersilie, gehackt
Muskat, gerieben
Salz
schwarzer Pfeffer aus der Mühle

Rahmpfifferlinge

300 g Pfifferlinge
30 g Butter
1 Schalotte, geschält
1 Knoblauchzehe, geschält
150 ml süße Sahne
Salz
schwarzer Pfeffer aus der Mühle
1 Zitrone, Saft
Beurre manié (Grundrezept S. 46)
50 g Crème fraîche
1 EL Blattpetersilie, gehackt
1 EL Schnittlauchröllchen

Außerdem

8 hauchdünne Scheiben Speck
ein paar feine Petersilienblätter

Zubereitungsdauer

2,5 Stunden

Zubereitung

Für die Knödel die Brezen und das Weißbrot in feine Scheiben schneiden und in eine Schüssel geben. Die Milch erwärmen und dazugeben. Das Ganze vermischen und etwas quellen lassen. Die Schalotten schälen und würfeln. Sie in Butter hell andünsten und in die Masse einarbeiten. Nun die Eier zusammen mit der Petersilie kurz mit einem Schneebesen anschlagen und mit Muskat, Salz und Pfeffer würzen. Die verschlagenen Eier zur Knödelmasse geben und diese nochmals 20 Minuten ziehen lassen. Danach aus der Masse kleine Knödel formen. Diese in kochendes Salzwasser geben und ca. 15 Minuten ziehen lassen.

Für die Pfifferlinge die Pilze putzen, waschen und abtrocknen. Sie in etwas schäumender Butter kurz anbraten und anschließend in ein Nudelsieb geben, dabei den Bratsaft auffangen und aufbewahren. Anschließend die Schalotte und den Knoblauch in Butter glasig dünsten, mit der Sahne und dem aufgefangenen Pilzbratsaft begießen und bei leichter Hitze etwas reduzieren. Die Rahmsauce mit Salz, Pfeffer und etwas Zitronensaft würzen. Nun die Beurre manié in die kochende Sauce einrühren und diese noch ca. 2 Minuten köcheln lassen. Sie zum Schluss mit der Crème fraîche und den Kräutern verfeinern.

Nun die dünnen Speckscheiben in eine kalte Pfanne legen, mit Backpapier bedecken und mit einer schweren Metallschüssel beschweren. Sie dann auf kleiner Hitze langsam auslassen und alle zwei Minuten wenden, bis sie schön knusprig gebraten sind.

Zum Anrichten die Rahmpfifferlinge auf die warmen Teller verteilen. Die Knödel aus dem Wasser nehmen, auf einer Serviette abtropfen lassen und dann auf die Sauce geben.

Kresse

POCHIERTES LANDEI MIT TRÜFFELSCHAUM

Zutaten

Rahmspinat

3 Schalotten, fein gewürfelt
60 g Butter
30 g Mehl
50 ml Noilly Prat
100 ml Hühnerbrühe
300 ml süße Sahne
1 Knoblauchzehe, geschält und gehackt
Salz, schwarzer Pfeffer aus der Mühle
Muskat, gerieben
400 g Blattspinat, gewaschen und blanchiert

Trüffelschaum

60 ml Sherry
60 ml Weißwein
200 ml Hühnerbrühe
200 ml süße Sahne
1 EL weiße Trüffelpaste
1 EL Trüffelöl
2 EL Parmesan, gerieben
Salz, schwarzer Pfeffer aus der Mühle

Pochierte Landeier

4 Landeier
1 EL Weinessig
Salz, schwarzer Pfeffer aus der Mühle

Außerdem

weißer Trüffel aus dem Piemont

Zubereitungsdauer

2 Stunden

Zubereitung

Die Schalotten in 50 g Butter leicht andünsten und das Mehl unter Rühren einstreuen. Mit Noilly Prat ablöschen und die Flüssigkeit auf die Hälfte einkochen lassen. Die Hühnerbrühe und die Sahne aufgießen und ebenfalls etwas einkochen. Die Sauce mit Knoblauch, Salz, Pfeffer und Muskat würzen. Den Spinat gut abtropfen lassen. Die restlichen Schalotten würfeln und in der verbliebenen Butter glasig braten. Den Spinat dazugeben und andünsten. Jetzt die Sauce dazugeben und das Ganze mit dem Mixstab fein pürieren. Den Spinat noch einmal kräftig aufkochen lassen und erneut abschmecken.

Für den Trüffelschaum den Sherry mit dem Weißwein auf die Hälfte reduzieren. Dann mit der Brühe aufgießen und diese ebenfalls einkochen. Nun die Sahne, die Trüffelpaste und das Trüffelöl dazugeben und das Ganze mit dem Stabmixer so vermischen, dass sich die Fettstoffe mit der Flüssigkeit binden (aufmontieren). Das Ganze erneut aufkochen und schließlich den Parmesan unterrühren, bis eine leicht sämige Sauce entsteht. Diese mit Salz und Pfeffer abschmecken.

Für die Landeier jeweils ein Ei in eine Kaffeetasse geben. Nun den Essig in 1 l Wasser geben und das Ganze zum Kochen bringen. Die Eier in die kochende Flüssigkeit geben und bei 70 °C auf kleiner Hitze ca. 2,5 Minuten pochieren. Sie dann herausnehmen, gut abtropfen lassen und mit Salz und Pfeffer würzen.

Den Trüffel gut abbürsten.

Zum Anrichten die Trüffelsauce mit einem Stabmixer aufschäumen. Den heißen Spinat in die Gläser füllen, jeweils ein pochiertes Landei daraufsetzen und den Trüffelschaum darübergeben. Zum Schluss den Trüffel mit einem Trüffelhobel fein darüberhobeln.

Zutaten

Krustentierschaumsuppe

1 bretonischer Hummer à 450 g
2 l Court Bouillon (Grundrezept S. 48)
20 ml Olivenöl
200 g Wurzelgemüse, kochfertig gewürfelt (weiße Zwiebeln, Fenchel, Knollen- und Staudensellerie)
50 g Ingwer, geschält und grob geschnitten
1 Knoblauchzehe, geschält und gewürfelt
1 EL Tomatenmark
1 Thymianzweig
40 ml Cognac
100 ml Weißwein
200 ml Schältomaten aus der Dose, püriert
10 g weiße Pfefferkörner
1 unbehandelte Orange, Schale
40 ml weißer Portwein
100 ml süße Sahne
50 g Butter, eiskalt
Salz
schwarzer Pfeffer aus der Mühle
3 Estragonzweige, gezupft und fein geschnitten

Erbsenschaumsuppe

100 g weiße Gemüsezwiebeln
1 EL Butter, zimmerwarm
60 ml Noilly Prat
60 ml weißer Portwein
500 ml helle Hühnerbrühe
300 ml süße Sahne

Für die Krustentierschaumsuppe den Hummer in der Court Bouillon ca. 7 Minuten kochen. Ihn dann herausnehmen und ausbrechen. Die Karkassen unter fließendem Wasser reinigen und anschließend im Mörser zerkleinern. Sie dann bei starker Hitze im Olivenöl anschwitzen. Nun die Gemüsewürfel, den Ingwer, den Knoblauch, das Tomatenmark und den Thymian zugeben. Alles kurz abrösten und mit dem Cognac flambieren. Den Weißwein, die pürierten Schältomaten und kaltes Wasser zugeben, sodass nur der Inhalt des Topfes bedeckt ist. Die Pfefferkörner und die Orangenschale dazugeben und alles ca. 20 Minuten leicht köcheln lassen. Danach den Fond durch ein Passiertuch gießen.
Nun in einem weiteren Topf den weißen Portwein um die Hälfte reduzieren. Mit dem Fond und der Sahne aufgießen und mit der eiskalten Butter mit einem Mixstab aufschäumen. Das Ganze zum Schluss mit Salz, Pfeffer aus der Mühle und fein geschnittenem Estragon verfeinern.
Für die Erbsenschaumsuppe die Zwiebeln schälen und zerschneiden. Sie in wenig Butter glasig dünsten, mit dem Noilly Prat und dem Portwein ablöschen und um die Hälfte einkochen. Nun die Hühnerbrühe und die Sahne aufgießen und das Ganze ca. 10 Minuten köcheln lassen. Anschließend die Erbsen zugeben und weitere fünf Minuten sieden lassen. Danach die Suppe zusammen mit der Minze in einem Mixer pürieren und anschließend durch ein feines Sieb passieren. Sie mit Salz, Pfeffer und etwas Zucker nach Belieben abschmecken. Die Suppe kurz vor dem Anrichten mit der kalten Butter mit einem Handmixgerät aufschäumen. Ein paar Zuckerschoten klein schneiden und als Einlage dazugeben.

250 g Erbsen, tief gefroren
1 Bund Minze, küchenfertig
Salz
schwarzer Pfeffer aus der Mühle
Zucker
einige Zuckerschoten
50 g Butter, eiskalt und in Würfeln

Weiße Paprikaschaumsuppe
300 g weiße Paprikaschoten
150 g weiße Gemüsezwiebeln
1 Knoblauchzehe, geschält
2 EL Olivenöl
100 ml Noilly Prat
400 ml Hühnerbrühe
60 g Crème fraîche
Salz
schwarzer Pfeffer aus der Mühle
Zucker
1 Rosmarinzweig
1 Thymianzweig

Zubereitungsdauer
3 Stunden

Für die Paprikaschaumsuppe die Paprikaschoten waschen und putzen. Die Zwiebeln schälen und zerschneiden. Sie zusammen mit den Paprikaschoten und dem Knoblauch in Olivenöl andünsten, mit dem Noilly Prat ablöschen und diesen einkochen. Anschließend die Hühnerbrühe und die Sahne zugeben. Die Schoten 10 Minuten weich kochen lassen und die Suppe anschließend im Mixer fein pürieren. Sie danach durch ein feines Sieb in eine Stielkasserolle passieren und mit Salz, Pfeffer und Zucker abschmecken. Den Rosmarin und Thymian waschen, kurz mitkochen und vor dem Servieren wieder entfernen.
Zum Anrichten die Suppen in einzelne Schälchen oder Espressotassen geben und servieren.

KRÄUTERSCHAUMSUPPE MIT WACHTELEIERN

Zutaten

1 weiße Gemüsezwiebel
2 Knoblauchzehen
2 EL Butter, kalt
100 ml Noilly Prat
500 ml Hühnerbrühe
250 ml süße Sahne
20 g Beurre manié (Grundrezept siehe S. 46)
50 g Petersilie
50 g Basilikum
10 g Thymian
30 g Estragon
50 g Kerbel
30 g Bärlauch (Saison)
30 g Sauerampfer (Saison)
Zitronensaft
Salz
Muskat, gerieben
schwarzer Pfeffer aus der Mühle
50 g süße Sahne, angeschlagen
12 Wachteleier
1 EL Weinessig

Zubereitungsdauer

1,5 Stunden

Zubereitung

Die Zwiebel und den Knoblauch schälen, zerschneiden und mit etwas Butter glasig dünsten. Mit Noilly Prat ablöschen und zur Hälfte einkochen. Nun die Hühnerbrühe zugeben und auch diese etwas einkochen, damit die Suppe die gewünschte Geschmacksstärke erreicht. Anschließend die süße Sahne und die Beurre manié zugeben und das Ganze ca. 15 Minuten leicht sieden lassen. Die Suppe nun mit dem Handmixgerät pürieren und danach durch ein feines Sieb streichen.

Je nach Saison können alle, aber auch weniger oder nur eine Kräutersorte verwendet werden. Zum Kochen die Kräuter zupfen, waschen, grob hacken und in die heiße Suppe geben. Diese fein pürieren und mit Zitronensaft, Salz, Pfeffer und Muskat abschmecken.

Nun die Wachteleier öffnen und in eine kleine Schüssel geben. In einer Kasserole 1 l Wasser mit etwas Essig zum Kochen bringen und die Eier in das sprudelnde Wasser geben. Den Topf sofort vom Feuer nehmen und die Eier in der Flüssigkeit ca. 1 Minute pochieren. Sie dann wieder herausnehmen und abtropfen lassen.

Zum Anrichten die Suppe mit der restlichen kalten Butter und der angeschlagenen Sahne aufschäumen. Sie in heiße Teller schöpfen, die pochierten Eier dazugeben und servieren.

TOMATENESSENZ MIT BASILIKUMRAVIOLI

Zutaten

Tomatenessenz

1 kg reife Tomaten
1 l Hühnerbrühe
250 g Gemüse, kochfertig klein geschnitten (Zwiebel, Lauch, Stauden- und Knollensellerie)
1 EL Tomatenmark
300 g Rinderwade, grob gewolft
2 Eiweiße
1 Basilikumzweig
1 Estragonzweig
Salz, schwarzer Pfeffer aus der Mühle
30 g Zucker
30 ml Gin

Basilikum-Ravioli

150 g Ricotta
50g Parmesan, gerieben
2 Eigelbe
Salz
schwarzer Pfeffer aus der Mühle
1 EL Olivenöl
15 Basilikumblätter, küchenfertig
200 g Nudelteig (Grundrezept S. 67)

Außerdem

20 Kirschtomaten
Salz
Eiswasser
einige Basilikumblätter

Zubereitungsdauer

3 Stunden

Rezeptfoto auf Folgeseite

Zubereitung

Für die Tomatenessenz die Tomaten waschen, putzen, klein schneiden und mit der Brühe in einem Mixer pürieren. Das geputzte und gewürfelte Gemüse, das Tomatenmark, die Rinderwade und das Eiweiß zugeben und verrühren. Das Ganze auf dem Herd bei kleiner Hitze unter ständigem Rühren langsam zum Kochen bringen. Die Kräuter waschen und dazugeben und die Suppe 30 Minuten ziehen lassen. Sie danach durch ein Tuch passieren und anschließend mit Salz, Pfeffer, Zucker und einem Schuss Gin abschmecken.

Für die Ravioli den Ricotta und den Parmesan in einer Schüssel vermengen und die Mischung mit Salz, Pfeffer und Olivenöl abschmecken. Die Basilikumblätter klein schneiden und einrühren. Den Nudelteig ausrollen und die Ricottamasse in einen Spritzsack füllen. Sie auf den ausgerollten Nudelteig dressieren und diesen zu Teigtaschen formen. Diese kurz in kochendem Wasser mit Salz und etwas Olivenöl blanchieren und anschließend in die Suppe geben.

Zum Schluss die Kirschtomaten ca. 20 Sekunden in kochendem Salzwasser blanchieren und mit Eiswasser abschrecken. Sie häuten, vierteln, von den Kerngehäusen befreien und trocken tupfen. Die Basilikumblätter waschen, trocken tupfen und in feine Streifen schneiden.

Zum Anrichten die klare Essenz zusammen mit den Ravioli und den abgezogenen Tomatenfilets in heiße Suppentassen füllen und mit den Basilikumstreifen garnieren.

MELONEN-GURKEN-KALTSCHALE MIT KREBSEN

Zutaten

Flusskrebse

12 Flusskrebse à 80 g
3 l Court Bouillon (Grundrezept S. 48)
Eiswasser
10 Estragonblätter
1/2 Zitrone, Saft

Melonen-Gurken-Kaltschale

3 Cavaillon- oder Cantaloupe-Melonen
1 Gartengurke
60 ml weißer Portwein
20 ml Noilly Prat
2 EL Crème fraîche
1 Limone, Saft
1 TL Puderzucker
1 Spritzer Tabasco
Salz
weißer Pfeffer aus der Mühle
1 Spritzer Estragonessig

Außerdem

12 Kerbelblätter
Crushed Ice

Zubereitungsdauer

2 Stunden

Zubereitung

Die Flusskrebse in der Court Bouillon 3 Minuten glasig kochen und in Eiswasser abschrecken. Nun vorsichtig die Schwänze von den Körpern abtrennen und die Schale entfernen. Das Schwanzfleisch auf der Oberseite einschneiden und den Darm vorsichtig entfernen. Das Scherenfleisch ebenfalls auslösen. Krebsfleisch, -schwänze und -scheren zum Aufbewahren in etwas abgekühlte Court Bouillon einlegen. Die Krebsnasen von den Innereien befreien, unter fließendem kaltem Wasser ausspülen und kühl stellen.
Für die Kaltschale die Melonen mit kaltem Wasser abbrausen und halbieren. Das Fruchtfleisch von einer Melone mit einem Suppen- oder Parisienne-Löffel ausschaben. Bei den restlichen Melonen das Fruchtfleisch sehr vorsichtig so lösen, dass jeweils ein 1 cm dicker Fruchtfleischrand stehen bleibt. Diese vier Hälften im Gefrierschrank aufbewahren. Aus dem ausgelösten Fruchtfleisch für die Garnitur einige kleine Würfel schneiden und beiseitestellen. Die Gurke schälen, vom Kerngehäuse befreien und in kleine Stücke schneiden. Diese zusammen mit dem ausgeschabten Melonenfleisch im Mixer unter Zugabe von Portwein, Noilly Prat, Crème fraîche, Limonensaft und Puderzucker ca. 3 Minuten sehr fein pürieren. Das Püree mit Tabasco, Salz, Pfeffer und Estragonessig abschmecken. Zum Anrichten die angefrorenen Melonenhälften auf Teller mit Crushed Ice setzen und die Kaltschale eingießen. Die Flusskrebse mit dem geschnittenen Estragon und dem Zitronensaft marinieren und anschließend dekorativ in der Melone platzieren. Das Ganze mit Kerbelblättern und den Krebsnasen ausgarnieren und servieren.

Fleischgerichte

KÄFERS ENTE MIT GLACIERTEN ÄPFELN

Zutaten

Blaukraut

1 mittelgroßer Kopf Blaukraut
2 Äpfel
Salz
Zucker
100 ml Rotwein
100 ml Portwein
100 ml Apfelsaft
30 ml Balsamico-Essig
3 Gewürznelken
1 Zimtstange
4 Pimentkörner
6 weiße Pfefferkörner
1 Lorbeerblatt
1 weiße Gemüsezwiebel
1 EL Butter
2 EL Speisestärke
handgerührte Preiselbeeren (Rezept S. 210–211)

Ente und Naturjus

2 Barbarie-Enten à ca. 1,5 kg
Salz
schwarzer Pfeffer aus der Mühle
2 Karotten
1 Zwiebel
2 Äpfel, Golden Delicious
2 Majoranzweige
20 ml Erdnussöl
1 l kräftige Hühnerbrühe
1/2 Knollensellerie
1 unbehandelte Orange
3 Knoblauchzehen

Zubereitung

Das Blaukraut putzen, halbieren, vom Strunk befreien und in feine Streifen schneiden. Die Äpfel schälen, vom Kerngehäuse befreien und ebenfalls klein schneiden. Blaukraut und Äpfel zusammen in eine Schüssel geben und mit Salz und Zucker würzen. Den Rotwein zusammen mit dem Portwein, Apfelsaft und etwas Balsamico-Essig kurz erhitzen und über die Blaukraut-Apfel-Mischung gießen. Das Ganze kurz mit den Händen anwirken. Die Gewürze in ein Säckchen binden und dazugeben. Die Schüssel verschließen und 2 Tage im Kühlschrank ruhen lassen.

Am Tag der Zubereitung die Enten ausnehmen, die Geflügelknochen abschneiden und die Enten innen und außen mit Salz und Pfeffer würzen. Die Karotten und die Zwiebel schälen, 1 Apfel entkernen. 1 geschälte Karotte, die Zwiebel und den entkernten Apfel in walnussgroße Würfel schneiden. Alles mit den Majoranzweigen vermengen und die Ente damit füllen.

Den Ofen auf 180 °C Umluft vorheizen. In einem Bräter etwas Erdnussöl erhitzen und die Enten darin von beiden Seiten goldgelb anbraten. Die Flügelknochen zugeben und mit etwas Hühnerbrühe angießen. Danach die Enten im Bräter für ca. 2 Stunden in den vorgeheizten Ofen schieben. Sie dabei immer wieder mit dem Bratsaft übergießen. Nach 2 Stunden die Temperatur für 10 Minuten auf 210 °C erhöhen. Danach die Enten auslösen und die Brüste und Keulen an einem warmen Ort aufbewahren.

Für die Sauce die Entenkarkassen zerkleinern. Den Sellerie putzen, die Orange schälen. Sellerie, Orange und Karotte zusammen mit dem Knoblauch und dem Tomatenmark anrösten und gut Farbe geben. Das Ganze mit dem Rotwein ablöschen, mit kaltem Wasser und

1 EL Tomatenmark
100 ml Rotwein
60 g Ingwer
1 TL Majoranblättchen

Glacierte Äpfel
2 Äpfel, Golden Delicious
1 TL Puderzucker
30 ml Calvados
50 ml Apfelsaft
20 g Butter, kalt

Reiberdatschi
4 große Kartoffeln, festkochend
1 Zwiebel
50 ml süße Sahne
2 Eigelbe
Salz
schwarzer Pfeffer aus der Mühle
Muskat, gerieben
50 ml geklärte Butter (Grundrezept S. 44)

Zubereitungsdauer
2 Tage plus 6 Stunden

dem etwas entstandenen Bratfond aufgießen und ca. 1 Stunde bei leichter Hitze köcheln lassen. Die Sauce anschließend entfetten, durch ein feines Sieb passieren und mit Salz, Pfeffer, der Orangenschale, dem Ingwer und den Majoranblättchen abschmecken.
Für das Blaukraut die Zwiebel schälen und in Streifen schneiden. Diese in etwas Entenfett glasig dünsten. Das marinierte Blaukraut zusammen mit dem Sud dazugeben und im geschlossenen Topf 45 Minuten bei geringer Hitze weich kochen. Danach die Speisestärke in etwas Wasser anrühren und das Blaukraut damit abbinden. Es zum Schluss mit etwas eingelegten Preiselbeeren, Salz und Zucker verfeinern.
Für die glacierten Äpfel die Äpfel achteln und mit einem Tourniermesser in Form bringen. Etwas Puderzucker in einer kleinen Pfanne karamellisieren, die Apfelstücke dazugeben, kurz anschwenken und mit etwas Calvados und Apfelsaft ablöschen. Anschließend die kalte Butter in Würfeln nach und nach zum Binden einrühren.
Für die Reiberdatschi die Kartoffeln schälen, mit einer Küchenreibe reiben und auf einem Sieb abtropfen lassen, dabei die Flüssigkeit auffangen. Die Zwiebel schälen und in feine Würfel schneiden. Die geriebenen Kartoffeln mit der Sahne, den Zwiebelwürfeln und der abgesetzten Stärke des abgetropften Kartoffelwassers und den Eigelben vermengen. Das Ganze mit Salz, Pfeffer und Muskat abschmecken. Aus der Masse kleine Fladen formen und diese in geklärter Butter in einer Pfanne goldbraun und knusprig braten.
Zum Anrichten die Entenbrüste und -keulen zusammen mit etwas Sauce in einer Pfanne kurz im Ofen bei 140 °C erhitzen. Sie zusammen mit den Beilagen auf warmen Tellern dekorativ anrichten.

MOËT & CHANDON

WIENER SCHNITZEL MIT ZWEIERLEI KARTOFFELN

Zutaten

Kartoffelsalat

500 g gelbe Biokartoffeln, festkochend
Kümmel
Salz
1/2 Knoblauchzehe
2 kleine weiße Gemüsezwiebeln, fein gewürfelt
1 TL Butter
180 ml Hühner- oder Rinderbrühe
2 TL mittelscharfer Senf
Zucker
40 ml Weinessig
Muskat, gerieben
schwarzer Pfeffer aus der Mühle
3 EL kalt gepresstes Sonnenblumenöl

Bratkartoffeln

500 g Grenaille-Kartoffeln
1 Knoblauchzehe
1 Thymianzweig
1 TL Kümmel
Meersalz
50 ml geklärte Butter (Grundrezept S. 44)
1 rote Zwiebel, in Streifen geschnitten
3 Lauchzwiebeln, in Ringe geschnitten
schwarzer Pfeffer aus der Mühle
Muskat, gerieben

Zubereitung

Für den Kartoffelsalat die Kartoffeln zusammen mit etwas Kümmel und Salz in der Schale weich kochen und danach abpellen. Eine Schüssel mit Knoblauch und etwas Salz ausreiben. Die noch warmen Pellkartoffeln in dünnen Scheiben in die Schüssel schneiden. Die Zwiebelwürfel in Butter glasig andünsten. Sie mit der Brühe ablöschen, kurz ankochen und das Ganze auf die Kartoffeln geben. Den Kartoffelsalat mit Senf, Zucker, Salz, Essig, Muskat und Pfeffer abschmecken. Ihn ca. 10 Minuten ziehen lassen, nachschmecken und mit dem Öl vollenden.

Für die Bratkartoffeln die Kartoffeln zusammen mit der Knoblauchzehe, Thymian und Kümmel in Salzwasser weich kochen und anschließend abpellen. Sie vor der Weiterverarbeitung abkühlen lassen. Anschließend die geklärte Butter in einer Pfanne erhitzen. Die Kartoffeln in Scheiben schneiden und bei kleiner Hitze in der Butter goldbraun anrösten. Kurz vor Ende die in Streifen geschnittenen roten Zwiebeln und Lauchzwiebelringe zugeben. Das Ganze mit Salz, Pfeffer und geriebenem Muskat abschmecken.

Die Schnitzel zwischen Klarsichtfolie sehr dünn klopfen. Sie anschließend mit Salz und Pfeffer würzen und in Mehl wenden. Die Eier mit einem Schneebesen anschlagen und die Sahne unterheben – durch die Sahne wellt sich das Schnitzel besser beim Braten. Die Schnitzel durch die Sahne-Ei-Mischung ziehen und leicht mit Semmelbröseln andrücken. Sie dabei nicht klopfen, damit die Panade schön locker bleibt. Danach die Schnitzel in heißer geklärter Butter vorsichtig gold-braun ausbacken und nach dem Wenden mit einem Stück kalter Butter schwenken.

Schnitzel
8 Kalbsschnitzel vom Milchkalb à 100 g
Salz
Pfeffer aus der Mühle
etwas Mehl
4 Eier
1 EL süße Sahne, geschlagen
150 g feine Semmelbrösel
200 ml geklärte Butter (Grundrezept S. 44)
50 Butter, kalt und in Würfeln

Preiselbeeren
200 g frische schwedische Preiselbeeren
100 g Zucker
1/2 unbehandelte Orange, Abrieb
1/2 unbehandelte Zitrone, Abrieb
10 ml roter Portwein
10 ml Cognac

Zubereitungsdauer
2 Stunden

Für die Preiselbeeren alle Zutaten miteinander vermischen und an einen warmen Ort stellen. Sie immer wieder umrühren, bis sich der Kristallzucker aufgelöst hat.

Zum Anrichten die Schnitzel auf vorgewärmte Teller platzieren. Die Beilagen jeweils separat servieren.

LAMMRÜCKEN MIT KRÄUTERKRUSTE

Zutaten

Lammrücken

2 Lammcarrées mit Knochen à ca. 400 g
Salz
schwarzer Pfeffer aus der Mühle
3 EL Olivenöl
1 EL grober Dijonsenf

Kräuterkruste

1 Thymianzweig
1 Rosmarinzweig
1 kleiner Bund Blattpetersilie
1 Bund Basilikum
6 Scheiben Toastbrot
2 Knoblauchzehen

Rosmarinjus

60 ml Rotwein
20 ml Balsamico-Essig
160 ml Lammjus (Grundrezept S. 56)
1 Thymianzweig
1 Rosmarinzweig
2 Knoblauchzehen, geschält
30g Butter, eiskalt in Würfeln

Gefüllte Artischocken

4 Artischocken
1 l Wasser
1 g Ascorbinsäure
2 Eiertomaten
100 ml Olivenöl
300 ml Gemüsefond
Salz
schwarzer Pfeffer aus der Mühle

Zubereitung

Die Lammcarrées mit Salz und Pfeffer würzen. Sie in Olivenöl in einer heißen Pfanne kurz von beiden Seiten anbraten. Den Ofen auf 140 °C Umluft vorheizen. Das angebratene Fleisch auf ein Gitter legen und im Ofen in 7 Minuten rosa braten. Die Kerntemperatur sollte 54 °C nicht überschreiten.

Für die Kräuterkruste die Kräuter waschen und fein hacken. Die Toastbrotscheiben in einer Küchenmaschine fein kuttern, anschließend die Kräuter dazugeben und alles nochmals kuttern. Zum Schluss den Knoblauch schälen, klein schneiden und unter die Masse geben.

Die gebratenen Lammcarrées mit dem Senf bestreichen und darauf die Kräutermasse großzügig auftragen. Dann mit der Kräuterkruste im Ofen bei höchster Oberhitze in höchstens 1 Minute gratinieren.

Für die Sauce den Rotwein zusammen mit dem Balsamico-Essig auf die Hälfte reduzieren. Den Lammjus aufgießen. Den Thymian und den Rosmarin waschen und zusammen mit dem Knoblauch dazugeben. Zur Verfeinerung nach und nach die eiskalten Butterwürfel einrühren.

Die Artischocken putzen, dabei die trockenen, harten Blätter, die harten Blätteranteile und die Stiele sowie das Heu entfernen. Die geputzten Artischocken in kaltes, mit Ascorbinsäure versetztes Wasser (pro l Wasser 1 g Ascorbinsäure) legen, sodass sie leicht bedeckt sind. Die Tomaten in kochendem Wasser blanchieren und abschrecken. Sie häuten, entkernen und in Würfel schneiden. Die Artischocken abtropfen lassen, zerschneiden und in Olivenöl anbraten. Mit dem Gemüsefond ablöschen, salzen und pfeffern. Knoblauch, Thymian, Lorbeerblatt und Korianderkörner zufügen.

1 Knoblauchzehe
1 Thymianzweig
1 Lorbeerblatt
5 Korianderkörner, gemahlen
1 rote Paprikaschote
1 gelbe Paprikaschote
1 Zucchino
1 Aubergine
1 Schalotte
1 Basilikumzweig
60 g Parmesan, gerieben
Zucker
1 Zitrone

Zubereitungsdauer
2,5 Stunden

Die Artischocken leicht köchelnd in 2 Minuten weich garen.

Den Ofen auf 180 °C Umluft vorheizen. Die Paprikaschoten mit Olivenöl einreiben, salzen und so lange schmoren, bis die Haut Blasen wirft und sich leicht abziehen lässt. Dann die Schoten häuten und in Würfel schneiden. Zucchino und Aubergine waschen und in Würfel schneiden, Schalotte schälen und in Würfel schneiden. Nun etwas Olivenöl in einer Pfanne erhitzen. Nacheinander die Auberginen-, Zucchini- und Paprikawürfel anbraten und wieder herausnehmen. Sie mit Salz, Pfeffer und in Streifen geschnittenen Basilikumblättern würzen. Nun die Artischockenböden mit dem warmen Gemüse und den Tomatenwürfeln füllen und mit etwas Parmesan bestreut im Ofen bei höchster Oberhitze maximal 1 Minute gratinieren.

Zum Anrichten die Lammcarrées in Tranchen schneiden, zusammen mit den Artischockenböden anrichten und mit der Sauce nappieren.

GEFÜLLTE FASANENBRUST MIT WACHOLDERRAHM

Zutaten

Champagner-Ananas-Kraut

300 g frisches Fass-Sauerkraut
Salz
250 ml Champagner
1 weiße Gemüsezwiebel
2 EL Entenfett
1 Lorbeerblatt
3 Nelken
2 Wacholderbeeren
6 weiße Pfefferkörner
1 Babyananas
1 Kartoffel, festkochend
Zucker
weißer Pfeffer aus der Mühle

Wacholderrahmsauce

2 Schalotten
10 Wacholderbeeren
30 g Butter
50 ml Gin
50 ml roter Portwein
400 ml Kalbsjus (Grundrezept S. 59)
200 ml süße Sahne
80 g Gänseleberterrine (siehe Seite 86)
Salz
schwarzer Pfeffer aus der Mühle
Zucker

Fasanenbrust

200 g Schweinenetz
4 Fasanenbrüste
Salz
schwarzer Pfeffer aus der Mühle

Zubereitung

Für das Champagner-Ananas-Kraut das Fasskraut kurz in Salzwasser blanchieren und danach abwaschen. Es danach in einem Topf mit etwas Wasser und 200 ml Champagner ansetzen. Die Zwiebel schälen, klein schneiden und in einem separaten Topf in etwas Entenfett glasig dünsten. Die gedünsteten Zwiebeln zum Sauerkraut zugeben. Die Gewürze in ein Säckchen binden und ebenfalls zum Kraut geben. Dieses bei geringer Hitze in ca. 45 Minuten weich kochen.

In der Zwischenzeit die Ananas schälen, mit einem Mixer fein pürieren und nach 30 Minuten in das Sauerkraut geben. Zum Schluss die Kartoffel schälen und zum Binden roh in das Kraut reiben. Das Ganze bei milder Hitze noch etwas köcheln lassen und mit Salz, Zucker und etwas weißen Pfeffer würzen.

Für die Wacholderrahmsauce die Schalotten schälen und fein würfeln, die Wacholderbeeren zerdrücken. Beides zusammen in der Butter ohne Farbe andünsten, mit Gin und rotem Portwein ablöschen und einkochen. Nun die Kalbsjus und die Sahne aufgießen und ebenfalls um die Hälfte reduzieren. Die so entstandene Sauce passieren, dann die Gänseleber mit einem Handmixgerät vorsichtig einarbeiten. Dabei unbedingt darauf achten, dass die Sauce jetzt nicht mehr kocht. Sie abschließend mit Salz, Pfeffer und etwas Zucker abschmecken.

Für die Fasanenbrüste das Schweinenetz in Wasser einlegen. Die Fasanenbrüste mit einem Schmetterlingsschnitt aufschneiden. Sie dazu mit einem sehr scharfen Messer waagrecht nicht ganz in zwei gleich große Scheiben zerschneiden – eine Kante bleibt verbunden. Sie salzen, pfeffern, mit der Geflügelfarce bestreichen, mit der Gänseleber füllen und wieder zu-

200 g Geflügelfarce (Grundrezept S. 62)
4 Scheiben Gänseleber
2 EL geklärte Butter
1 Thymianzweig
5 Wacholderbeeren

Speck-Croûtons
4 Toastbrot
5 Scheiben dünner Bauchspeck in Würfeln
30 ml geklärte Butter (Grundrezept S. 44)

Außerdem
Kartoffelpüree (Grundrezept S. 70)
20 kernlose Trauben

Zubereitungsdauer
5 Stunden

klappen. Nun das gewässerte Schweinenetz gut ausdrücken und auf einem Küchentuch ausbreiten. Die Fasanenbrüste daraufsetzen und mit dem Netz einzeln ummanteln. Nun den Ofen auf 140 °C Umluft vorheizen. Die Fasanenbrüste in einer Pfanne in etwas geklärter Butter bei kleiner Hitze vorsichtig von beiden Seiten anbraten. Sie anschließend für 12 Minuten in den vorgeheizten Ofen schieben. Sie danach mit etwas Thymian und Wacholder aromatisieren und an einem warmen Ort ruhen lassen.
Für die Speck-Croûtons die Toastscheiben entrinden, würfeln, in geklärter Butter anrösten und auf Küchenkrepp abtropfen lassen. Die Speckwürfel in einer sehr heißen Pfanne auslassen und abtropfen lassen. Nun alles vermengen.
Zum Anrichten den restlichen Champagner in das Sauerkraut geben. Es dann auf den Tellern trocken anrichten. Die Fasanenbrüste in etwas dickere Scheiben tranchieren und auf das Kraut setzen. Die Sauce kurz mit einem Mixstab aufschäumen und auf den Tellern nappieren. Das Ganze mit Trauben und Speck-Croûtons garnieren. Dazu das Kartoffelpüree reichen.

REHRÜCKEN IM WALDPILZ-BROTMANTEL

Zutaten

Waldpilzfarce

100 g Putenbrust, gut gekühlt
Salz
80 ml süße Sahne
60 g Steinpilze, Pfifferlinge, Trompetenpilze
Olivenöl, schwarzer Pfeffer aus der Mühle
20 g Gänsestopfleber
1 kleiner Bund Blattpetersilie, gehackt
etwas angeschlagene Sahne

Rehrücken

500 g Kastenweißbrot
1 Rehrückenstrang ausgelöst
Salz, schwarzer Pfeffer aus der Mühle
2 EL Olivenöl

Selleriepüree

300 g Knollensellerie
Zucker, Salz
100 ml Milch
70 g kalte Butter, gewürfelt
1 Zitrone, Saft

Heidelbeerjus

100 g Heidelbeeren in Portwein
50 ml alter Balsamico-Essig (13 Jahre)
400 ml Wildjus
30 g Ingwer
etwas Orangenschale
Salz, schwarzer Pfeffer aus der Mühle

Zubereitungsdauer

6 Stunden

Zubereitung

Für die Farce die Putenbrust salzen, zusammen mit der Sahne fein kuttern und im Kühlschrank erkalten lassen. Sie sollte eine cremige Konsistenz haben. Die Pilze putzen, würfeln, in wenig Olivenöl anbraten, salzen, pfeffern und gut abtropfen lassen, damit die Farce nicht gerinnt. Diese salzen, pfeffern, die Pilzwürfel untermischen und mit Petersilie verfeinern.
Für den Rehrücken das Kastenbrot in dünne Scheiben schneiden und mit der Pilzfarce dünn bestreichen. Den Rehrücken salzen und pfeffern und in die Brotscheiben einschlagen. Das Ganze in Klarsichtfolie einwickeln und 1 Stunde ruhen lassen. Danach den Ofen auf 180 °C Umluft vorheizen. Den Rehrücken in einem Bräter in Olivenöl rundherum goldgelb anbraten. Ihn dann im Ofen in 12 Minuten garen. Das Fleisch sollte im Kern 52 °C Kerntemperatur haben.
Für das Selleriepüree den Sellerie schälen, in ca. 2 cm dicke Würfel schneiden. Diese mit Wasser bedecken und mit Zucker, Salz und etwas Milch weichkochen. Den weich gekochten Sellerie noch heiß in einer Serviette ausdrücken. Ihn in einem Mixer fein pürieren, dabei nach und nach die kalten Butterwürfel dazugeben. Das Püree zum Schluss mit Salz, Zitrone und etwas Zucker abschmecken.
Für den Jus den Fond der Heidelbeeren zusammen mit dem Essig sirupartig einkochen. Die Reduktion mit dem Wildfond aufgießen und zusammen mit Ingwer und etwas Orangenschale kräftig einkochen.
Zum Anrichten den Rehrücken mit einem Sägemesser tranchieren, auf vorgewärmte Teller geben, das Püree daneben anrichten. Die Heidelbeeren in den Jus geben, diesen mit Salz und Pfeffer abschmecken und den Rehrücken nappieren.

HEREFORD-KOTELETT MIT ZWEIERLEI SAUCEN

Zutaten

Kotelett

1 Rinderkotelett à ca.1 kg
schwarzer Pfeffer aus der Mühle
3 EL Olivenöl
Fleur de sel

Rotweinbutter

50 g Schalotten, fein gewürfelt
1 El Butter
2 Thymianzweig
500 ml guter Rotwein
200 ml Kalbsjus (Grundrezept S. 59)
1 TL Speisestärke
1 Prise Meersalz
schwarzer Pfeffer aus der Mühle
60 g Butter, eiskalt

Bohnengemüse

50 g weiße Bohnenkerne
1 Tomate
2 Bohnenkrautzweige
200 g breite Bohnen
100 g feine Bohnen
100 g Puffbohnenkerne
60 g geräucherter Bauchspeck
100 ml Gemüsefond
60 g gesalzene Butter, eiskalt
Sauce Béarnaise (Grundrezept S. 64)

Zubereitungsdauer

3 Stunden

Rezeptfoto auf Folgeseite

Zubereitung

Den Ofen auf 120 °C vorheizen. Das Rinderkotelett von beiden Seiten nur mit Pfeffer würzen und in heißem Olivenöl von beiden Seiten scharf anbraten. Es anschließend im vorgeheizten Ofen in ca. 15 bis 17 Minuten fertig braten. Dabei sollte die Innentemperatur des Fleisches 48 °C betragen. Das gegarte Kotelett aus dem Ofen nehmen und an einem warmen Ort ruhen lassen.

Für die Rotweinbutter die Schalottenwürfel in etwas Butter glasig dünsten. Den Thymian waschen und dazugeben. Nun den Rotwein dazugießen und um die Hälfte reduzieren. Die Reduktion mit dem Kalbsjus auffüllen und ebenfalls um die Hälfte einkochen. Danach die Sauce durch ein Tuch passieren. Salzen, pfeffern und kurz vor dem Anrichten die kalte Butter einrühren.

Für das Bohnencassoulet die weißen Bohnen 2 Stunden bei geringer Hitze zusammen mit der Tomate und 1 Zweig Bohnenkraut köcheln. Danach die restlichen Bohnen blanchieren. Den Speck leicht anbraten, die blanchierten Bohnen zugeben und alles mit dem Gemüsefond ablöschen. Nun die kalte Butter würfeln und zum Binden nach und nach in die Sauce einrühren. Zum Schluss das Bohnenkraut in die Sauce geben.

Zum Anrichten das Fleisch auf einen vorgewärmten Teller platzieren und mit etwas Fleur de sel nachwürzen. Dazu die Bohnen anlegen. Die Saucen in Schüsselchen separat servieren.

IN LINDENBLÜTEN GEBRATENE ÉTOUFFÉ-TAUBE

Zutaten

4 Bluttauben aus der Bresse à 400 g (beim Metzger vorbestellen)
Salz, schwarzer Pfeffer aus der Mühle
4 Thymianzweige
100 g Lindenblüten
Olivenöl

Sauce Périgord

100 ml Madeira
300 ml roter Portwein
300 ml Kalbsjus (Grundrezept S. 59)
2 EL Périgord-Trüffel, gehackt
50 ml Trüffelsaft
40 g Trüffelbutter
Salz
schwarzer Pfeffer aus der Mühle

Chicorée

2 kleine belgische Chicorées
500 ml Wasser, lauwarm
1 EL Zucker
50 ml Olivenöl
2 Scheiben geräucherter Bauchspeck
100 ml Hühnerbrühe
50 ml Kalbsjus
1/2 unbehandelte Zitrone, Schale
1 unbehandelte Orange, Schale
10 Korianderkörner
1 Thymianzweig
1 Knoblauchzehe, geschält
Salz
schwarzer Pfeffer aus der Mühle

Zubereitung

Die Tauben ausnehmen, auswaschen und mit einem Küchentuch trocknen. Sie von innen und außen salzen und pfeffern und mit Thymian füllen. Den Ofen auf 180 °C Umluft vorheizen. Die Tauben im Bräter in Olivenöl von beiden Seiten anbraten. Sie dann auf den Rücken legen, mit den Lindenblüten bedecken und im vorgeheizten Ofen in 12 Minuten rosa garen. Sie anschließend herausnehmen und an einem warmen Ort ruhen lassen. Den Ofen auf 160 °C herunterschalten.

Für die Sauce den Madeira und Portwein sirupartig einkochen. Mit der Kalbsjus aufgießen und das Ganze noch einmal um ein Drittel einkochen lassen. Nun die Trüffel und den Trüffelsaft zugeben und die Sauce ca. 10 Minuten ziehen lassen.

Die Chicorées 10 Minuten in lauwarmem Zuckerwasser einlegen und danach abtropfen lassen. Den Bauchspeck in einer Pfanne in etwas Olivenöl anbraten, mit Hühnerbrühe und Kalbsjus angießen. Nun die Chicorées und die restlichen Zutaten zugeben und das Ganze ca. 20 Minuten im Ofen bei 160 °C weich garen, dabei ab und zu mit dem Sud übergießen. Danach die Chicorées aus dem Sud nehmen, abtropfen lassen und in Olivenöl kurz goldgelb anbraten.

Für die Polenta die Hühnerbrühe zusammen mit den Kräutern und dem Knoblauch aufkochen. Das Ganze etwas einkochen, ziehen lassen und dann passieren. Nun den Polentagrieß in den passierten Sud einrühren und ca. 20 Minuten unter Rühren bei geringer Hitze quellen lassen. Die fertige Polenta mit geriebenem Parmesan, Oliven, Olivenöl, Meersalz und Pfeffer abschmecken.

Olivenpolenta
400 ml Hühnerbrühe
1 Thymianzweig
1 Knoblauchzehe, geschält
1 Lorbeerblatt
100 g Polentagrieß, mittelfein
20 g Parmesan, gerieben
80 g Taggiasche-Oliven
10 ml Olivenöl
Meersalz
schwarzer Pfeffer aus der Mühle

Zubereitungsdauer
4 Stunden

Zum Anrichten die Trüffelbutter langsam mit einem Schneebesen in die Sauce Périgord einrühren, mit Salz und Pfeffer abschmecken. Die Brüste und Keulen von der Karkasse trennen und zusammen mit den Chicorées auf vorgewärmten Tellern anrichten. Das Ganze mit der Sauce Périgord nappieren. Die Polenta separat in kleine Schüsseln füllen und servieren.

KOTELETT VOM MILCHKALB MIT STEINPILZEN

Zutaten

Kalbskotelett

2 Kalbskotelett à 450 g
Salz
schwarzer Pfeffer aus der Mühle
40 ml Olivenöl
150 g Kalbsparüren
200 g Mirepoix (Röstgemüsewürfel aus Karotte, roter Zwiebel, Knollen- und Staudensellerie)
3 Knoblauchzehen, geschält
2 EL Tomatenmark
1 EL Olivenöl
150 ml heller Kalbsfond
100 ml Weißwein
150 ml Kalbsjus (Grundrezept S. 59)
6 Scheiben Pancetta
30 g Butter
Fleur de Sel
1 Bund Salbei, küchenfertig

Kartoffel-Kohlrabi-Gratin

500 g Kartoffeln, festkochend
1 Kohlrabi
1 Knoblauchzehe
300 ml süße Sahne
1 Thymianzweig
1 Rosmarinzweig
Salz
schwarzer Pfeffer aus der Mühle
Muskat, gerieben
30 g Butter

Zubereitung

Die Kalbkoteletts salzen und pfeffern. Sie in einem Schmortopf in Olivenöl kräftig anbraten, danach das überschüssige Fett wegschütten. Das Fleisch anschließend auf ein Ofengitter legen und im Ofen bei 100 °C Umluft ca. 3 Stunden garen. Die Kerntemperatur des Fleisches sollte 54 bis 56 °C erreichen. Nach rund 2,5 Stunden die Pancettascheiben auflegen, um eine feine, rauchige Geschmacksnote zu erzielen.

Für die Sauce die Kalbsparüren zusammen mit Mirepoix, Knoblauch und etwas Tomatenmark in Olivenöl unter ständigem Rühren andünsten. Mit hellem Kalbsfond und Weißwein ablöschen und um ein Drittel reduzieren, mit Kalbsjus angießen und das Ganze bis zur gewünschten Konsistenz köcheln lassen. Die Sauce anschließend durch ein Spitzsieb passieren und mit Fleur de Sel abschmecken.

Für das Gratin den Ofen auf 200 °C vorheizen. Die Kartoffeln und den Kohlrabi schälen, mit einem Gemüsehobel in gleich dicke Scheiben schneiden und in eine feuerfeste Form schichten. Die Sahne in einem Topf zusammen mit dem gewaschenen Thymian- und Rosmarinzweig aufkochen und mit Salz, Pfeffer und Muskat kräftig abschmecken. Nun die Kräuter entfernen und die gewürzte Sahne auf die Scheiben gießen. Das Gratin im vorgeheizten Ofen 20 bis 30 Minuten garen.

Die Steinpilze putzen und auf einem Tuch zum Trocknen auslegen. Sie halbieren und in etwas aufschäumender Butter in einer Pfanne vorsichtig anbraten. Sie dann mit Salz, Pfeffer, etwas Knoblauch und frischer Petersilie vollenden.

Steinpilze

300 g Steinpilze
2 EL Olivenöl
Salz
schwarzer Pfeffer aus der Mühle
1 Knoblauchzehe, gehackt
2 EL Blattpetersilie, gehackt

Zubereitungsdauer

4 Stunden

Zum Anrichten die Koteletts in der Butter kurz anbraten. Den Salbei zugeben und die Bratbutter immer wieder über die Koteletts geben. Sie dann zusammen mit dem Gratin in der Form und den Steinpilzen in Schüsseln zu Tisch bringen und dort tranchieren.

ENTENGRÖSTL MIT RUCOLA UND WACHTELEI

Zutaten

Entengröstl

500 g Grenaille-Kartoffeln
Salz
2 Thymianzweige
1 TL Kümmel
1 Barberie-Ente à 1,5 kg (Rezept S. 204)
1 EL Entenfett
1 rote Zwiebel, klein geschnitten
1 Lauchzwiebel, in Ringe geschnitten
schwarzer Pfeffer aus der Mühle
10 Majoranblätter

Rucolasalat

1 Bund feiner Rucola
30 ml Balsamico-Dressing (Grundrezept S. 44)

Wachtelspiegeleier

8 Wachteleier
2 EL geklärte Butter (Grundrezept S. 44)
Salz
schwarzer Pfeffer aus der Mühle
Muskat, gerieben

Zubereitungsdauer

5 Stunden

Zubereitung

Für das Gröstl die ungeschälten Kartoffeln in Salzwasser zusammen mit dem Thymian und etwas Kümmel weich kochen. Sie danach abpellen und in 1 cm dicke Scheiben schneiden. Die Ente auslösen und in feine Streifen schneiden. Diese in einer Pfanne in etwas Entenfett rösch anbraten und danach wieder aus der Pfanne nehmen. Anschließend die Kartoffelscheiben darin anrösten, dann wieder die Fleischstreifen dazugeben und knusprig braten. Nun die Zwiebeln und die Lauchzwiebelringe dazugeben und das Ganze mit Salz, Pfeffer und frischem Majoran würzen.

Die Wachteleier in einer Pfanne in geklärter Butter braten, mit Salz, Pfeffer und Muskat würzen.

Den Rucola putzen, waschen, abtropfen lassen und mit dem Balsamico-Dressing marinieren.

Zum Anrichten den marinierten Rucolasalat auf die Teller geben und das Gröstl darauf anrichten. Zum Schluss die Wachtelspiegeleier ganz oben platzieren.

BRESSE-PERLHUHN IN DER SALZKRUSTE

Zutaten

Perlhuhn

1 Bresse-Perlhuhn à 1,5 kg
Salz, schwarzer Pfeffer aus der Mühle
1 Thymianzweig
1 kleiner Bund Blattpetersilie
2 kg Salzbrotteig (Grundrezept S. 68)

Püree von roten Beten

100 g gekochte rote Beten
120 g Knollensellerie, geschält, gekocht
40 g Butter, eiskalt und in Würfeln
20 g Crème fraîche
Salz, Zucker, Muskat, gerieben
1 Zitrone, Saft

Grüner Spargel

12 Stangen grüner Spargel
1 EL Olivenöl
1 TL brauner Zucker
40 g Butterwürfel
Salz, Muskat, gerieben

Gänseleberschaumsauce

je 50 ml Madeira und roter Portwein
20 ml Trüffelfond
300 ml Kalbsjus (Grundrezept S. 59)
100 ml süße Sahne
60 g Gänsestopfleber
Salz, 1 Msp Pastetengewürz
10 Korianderkörner, gemahlen

Zubereitungsdauer

1 Tag plus 5 Stunden

Rezeptfoto auf Folgeseite

Zubereitung

Das Perlhuhn ausnehmen, waschen, gründlich abtrocknen und nur von innen mit Salz, Pfeffer, Thymian und Petersilie würzen. Den Ofen auf 200 °C vorheizen. Den Salzteig auf ca. 1,5 cm ausrollen, das Perlhuhn darin einschlagen und im Ofen ca. 50 Minuten garen.
Für das Püree die roten Beten in Würfel schneiden. Diese zusammen mit dem Sellerie in einem Tuch fest ausdrücken und dann zusammen mit der kalten Butter in einem Mixer fein mixen. Dabei darauf achten, dass das Gemüse noch heiß verarbeitet wird, ansonsten bindet die Butter die Masse nicht. Gegebenenfalls das ausgedrückte Gemüse noch einmal im Mikrowellenherd erhitzen. Das pürierte Gemüse mit der Crème fraîche, Salz, Zucker, Muskat und etwas Zitronensaft abschmecken.
Den grünen Spargel großzügig am Ende abschneiden und etwas abschälen. Eine Pfanne mit Olivenöl erhitzen und den Spargel darin goldgelb anbraten. Kurz vor Ende etwas Zucker hinzugeben und leicht karamellisieren lassen. Dann die Butter hinzufügen und das Ganze mit Salz und Muskat verfeinern.
Für die Sauce den Madeira zusammen mit dem Portwein und dem Trüffelfond auf die Hälfte reduzieren. Den Kalbsjus dazugeben und das Ganze noch einmal einkochen. Nun die Sahne dazugeben und die Gänseleber mit dem Handmixgerät einmontieren, sodass eine sämige Sauce entsteht. Die Sauce mit Salz, etwas Pastetengewürz und Korianderstaub vollenden und mit dem Mixstab aufschäumen.
Zum Anrichten das Perlhuhn aus der Salzkruste befreien und tranchieren. Den Spargel zusammen mit Bruststücken und Keulen auf den Tellern arrangieren, mit der Sauce nappieren und das Püree dazu reichen.

Desserts

BAYERISCHE CREME

Zutaten
250 ml Milch
1 Vanilleschote
30 g Zucker
2 Eigelbe
3 Blatt Gelatine
250 ml Sahne

Zubereitungsdauer
4,5 Stunden

Zubereitung
Die Milch zusammen mit der Vanilleschote aufkochen, Zucker und Eigelb zusammen in einer Schüssel verrühren. Diese auf die Zucker-Eigelb-Masse gießen und alles auf 80 °C erwärmen. Die Gelatine in kaltem Wasser einweichen, ausdrücken und in die warme Masse geben. Diese passieren und abkühlen lassen. Anschließend die Sahne leicht anschlagen und unterheben. Die Creme in die gewünschte Form füllen und ca. 3 Stunden im Kühlschrank stocken lassen.
Zum Anrichten die Bayerische Creme stürzen.

MANGO ARABICA

Zutaten

Schaum

250 g Mangomark »Vergers des Boirons«
1/2 TL Kaffeepulver
175 g Zucker
80 ml Zitronensaft
40 ml Grand Manier
300 ml süße Sahne

Mangotatar

1 Mango
1 Bund Minze
1 EL Puderzucker
2 EL Grand Manier

Zitronensorbet

500 ml Wasser
250 g Zucker
10 g Glucose
1/2 unbehandelte Zitrone, gewaschen
180 ml Zitronensaft
6 g Eiweiß

Außerdem

nach Belieben Beerenobst

Zubereitungsdauer

2,5 Stunden

Zubereitung

Für den Schaum 125 g Mangomark zusammen mit dem Kaffeepulver in einem Topf 10 Minuten leicht köcheln lassen. In einem separaten Topf den Zucker karamellisieren, mit Zitronensaft ablöschen und das Ganze so lange reduzieren, bis das Karamell flüssig geworden ist. Dann den Rest des Mangomarks und den Grand Manier hinzugeben. Die warme Kaffee-Mango-Masse hinzufügen, verrühren und alles durch ein Sieb passieren. Die Masse abkühlen lassen, dann mit der Sahne vermischen, in eine ISI-Flasche mit 2 Gaspatronen füllen und kräftig schütteln.

Für das Mangotatar die Mango schälen, vom Kern befreien und das Fruchtfleisch in feine, gleichmäßige Würfel schneiden. Die Minze waschen und zupfen. Einige Blätter für die Garnitur beiseitelegen, die restlichen Blätter in Streifen schneiden. Alle Zutaten in einer Schüssel vermengen.

Für das Zitronensorbet Wasser zusammen mit Zucker, Glucose und Zitrone aufkochen. Den Topf vom Herd nehmen, den Zitronensaft und das Eiweiß miteinander verrühren und in die heiße Mischung geben. Die Masse durch ein feines Sieb gießen und in der Eismaschine gefrieren.

Zum Anrichten das Mangotatar in Gläser verteilen. Darauf je 1 Kugel Zitronensorbet setzen und mit dem Schaum aus dem Spender auffüllen. Mit Minze und einigen Beeren garnieren und sofort servieren.

KÄFERS BEERENTELLER

Zutaten

Orangenzucker

200 g Zucker
4 unbehandelte Orangen, Abrieb

Fruchtmark

250 g Erdbeeren, küchenfertig
50 g Puderzucker
10 ml Zitronensaft

Crème fraîche

150 g Crème fraîche
40 ml Milch

Beeren

125 g Erdbeeren, küchenfertig
125 g Himbeeren, küchenfertig
125 g Brombeeren, küchenfertig
125 g Heidelbeeren, küchenfertig

Zubereitungsdauer

30 Minuten

Zubereitung

Für den Orangenzucker den Zucker mit dem Orangenabrieb vermischen. Das Ganze etwas trocknen lassen und anschließend mit einem Handmixer so lange zerkleinern, bis sich der Zucker leicht orange verfärbt.
Für das Fruchtmark die Erdbeeren zusammen mit dem Puderzucker und dem Zitronensaft in einem Mixer pürieren. Das Püree anschließend passieren.
Die Crème fraîche mit der Milch glatt rühren.
Zum Anrichten die Beeren auf Tellern arrangieren. Orangenzucker, Fruchtmark und Crème fraîche in kleine Schüsseln füllen und separat servieren.

SCHWARZWÄLDERKIRSCH »À LA KÄFER«

Zutaten

Weiße Mousse au Chocolat

175 g weiße Kuvertüre
2 Eier
2 Eigelbe
1 Blatt Gelatine
10 ml Kirschwasser
250 ml süße Sahne, angeschlagen

Dunkle Mousse au Chocolat

125 g dunkle Kuvertüre
1 Ei
1 Eigelb
10 ml Grand Manier
20 ml heller Crème de Cacao
300 ml süße Sahne, angeschlagen

Kirschsorbet

250 ml Wasser
125 g Zucker
30 g Glucosesirup
250 g Kirschmark

Schokoladenformen

250 g dunkle Kuvertüre
3 EL Sonnenblumenöl

Außerdem

Herzkirschen in Portweinsud (Rezept S. 265)

Zubereitungsdauer

5 Stunden

Zubereitung

Für die weiße Schokoladenmousse die Kuvertüre schmelzen. Das Ei mit den Eigelben in einer separaten Schüssel auf dem Wasserbad zu einer Sabayon aufschlagen. Die Gelatine in kaltem Wasser einweichen, ausdrücken, in die warme Sabayon geben und unterrühren. Die Masse an der Seite so lange weiterschlagen, bis sie etwas abgekühlt ist. Die lauwarme geschmolzene Kuvertüre und das Kirschwasser zugeben. Die Sahne unterheben. Zum Schluss die Mousse in eine Form umfüllen und kalt stellen.

Für die dunkle Schokoladenmousse die Kuvertüre schmelzen. Das Ei zusammen mit dem Eigelb in einer separaten Schüssel auf dem Wasserbad zu einer Sabayon so lange aufschlagen, bis sie etwas abgekühlt ist. Die lauwarme geschmolzene Kuvertüre und den Crème de Cacao zugeben. Die Sahne unterheben, die Mousse in eine Form umfüllen und kalt stellen.

Für das Kirschsorbet das Wasser zusammen mit dem Zucker und dem Glucosesirup aufkochen und zum Kirschmark geben. Die Masse gut verrühren und in einer Eismaschine gefrieren.

Für die Schokoladenformen die Schokoladen temperieren und mit dem Öl verrühren. Die Masse auf ein Backpapier oder eine Folie streichen. Das Ganze zusammenrollen und mit der Schokoladenseite nach innen in zwei ca. 40 cm lange Rohre mit ca. 2 cm Durchmesser schieben. Die Schokolade im Kühlschrank anziehen lassen, aus den Rohren ziehen und mit einer warmen Messerklinge längs halbieren.

Zum Anrichten die Schokoladenformen mit weißer und dunkler Mousse füllen. Eine weitere Form dazulegen und mit den Portweinkirschen füllen. Eine Kugel Sorbet zugeben und mit etwas Kirschfond garnieren.

FRONT ROW
DEUTSCHE STANDARDS
TIFFANY

HOTELS ZUM TRÄUMEN
WEIN & PREIS

HOLZAPFEL
marille 05
HOLZAPFEL
quitte 05

Zutaten

Herzkirschen

250 ml roter Portwein
80 g Zucker
1 Vanilleschote
1 Zimtstange
2 Sternanis
30 g Speisestärke
200 g entsteinte Herzkirschen

Sauerrahmeis

100g Milch
25 ml süße Sahne
140 g Zucker
380 g saure Sahne
1 Zitrone, Saft

Joghurtcoulis

150 g Joghurt
80 g Crème fraîche
50 g Puderzucker
1 Limone, Abrieb

Zubereitungsdauer

2,5 Stunden

Zubereitung

Für die Kirschen den Portwein zusammen mit dem Zucker, der Vanilleschote, der Zimtstange und dem Sternanis aufkochen und auf etwa ein Drittel reduzieren. Die Stärke in etwas Wasser einrühren und zum Binden in die Reduktion geben. Das Ganze drei Minuten kochen, dann vom Feuer nehmen und abkühlen lassen. Den Fond zum Schluss über die Herzkirschen gießen.

Für das Sauerrahmeis alle Zutaten in einer Schüssel vermengen und in einer Eismaschine gefrieren.

Für den Joghurtcoulis den Joghurt zusammen mit der Crème fraîche, dem Puderzucker und dem Limonenabrieb zu einer cremigen Masse verrühren.

Zum Anrichten die Kirschen in einen tiefen Teller füllen, mit dem Joghurtcoulis umranden und das Eis daraufsetzen.

MAKRONEN MIT LITSCHICREME

Zutaten

Makronen

4 Eiweiße
2 g Trockeneiweiß
75 g Zucker
175 g Puderzucker
140 g Mandelgrieß (fein geraspelte Mandeln)

Litschicreme

18 Litschis
250 ml Milch
50 g Zucker
1 Vanilleschote
10 Eigelbe

Außerdem

150 g frische Himbeeren
Minzblätter, küchenfertig gezupft
alter Balsamico-Essig (13 Jahre)
Olivenöl

Zubereitungsdauer

6 Stunden

Zubereitung

Für die Makronen die Eiweiße zusammen mit dem Trockeneiweiß zu Schnee schlagen, dabei den Zucker nach und nach einrieseln lassen. Den Puderzucker sieben, mit dem Mandelgrieß vermischen und das Ganze unter den Eischnee heben. Die Makronenmasse in einem Spritzbeutel mit glatter Tülle (Größe 8) geben. Die Makronen in regelmäßigen Abständen auf Silikonmatten setzen und in 20 Minuten bei Raumtemperatur antrocknen lassen. Den Ofen auf 160 °C vorheizen und die angetrockneten Makronen 7 bis 12 Minuten backen. Sie danach herausnehmen und abkühlen lassen.

Für die Litschicreme die Litschis schälen, vom Stein lösen und klein schneiden. Die Milch zusammen mit dem Zucker und der Vanilleschote aufkochen. Das Ganze mit den Eigelben abbinden und abkühlen lassen. Die erkaltete Creme glatt rühren und die klein geschnittenen Litschis untermengen.

Zum Anrichten die Litschicreme in einen Spritzbeutel geben und auf die glatte Unterseite einer Makrone spritzen. Mit den frischen Himbeeren und den Minzblättern garnieren und mit einer weiteren Makrone abschließen. Mit etwas Balsamico-Essig und Olivenöl beträufeln und servieren.

TRÜFFELTÖRTCHEN MIT SAUCE CRÉOLE

Zutaten

Trüffeltörtchen

150 ml Milch
250 g dunkle Kuvertüre 54%
500 ml süße Sahne
Kakaopulver
ein paar Himbeeren

Sauce Créole

100 g Zucker
40 ml brauner Rum
40 ml Limettensaft
190 g Kokosmark aus der Dose
2 Passionsfrüchte
120 g pürierte Bananen

Zubereitungsdauer

6 Stunden

Zubereitung

Für das Trüffeltörtchen die Milch aufkochen, die Kuvertüre hinzugeben und das Ganze glatt rühren. Die Mischung abkühlen lassen, dann die Sahne schlagen und unterheben. Das Ganze in Ringformen einfüllen und mindestens 4 Stunden kalt stellen.

Für die Sauce Créole den Zucker karamellisieren, mit Limettensaft und braunem Rum ablöschen und etwas reduzieren. Nun das Kokosmark langsam mit einem Schneebesen einrühren. Die Passionsfrüchte halbieren und die Kerne entfernen. Sie zusammen mit den pürierten Bananen zu der Mischung geben und alles mit einer Küchenmaschine mixen.

Zum Anrichten die Törtchen auf die Teller geben und mit etwas Kakaopulver bestäuben. Die Sauce rundum verteilen und alles zum Schluss mit einigen Himbeeren garnieren.

JOGHURT-KÜRBIS-SCHAUM MIT KERNÖLEIS

Zutaten

Joghurt-Kürbis-Schaum

180 g Joghurt (1,5 %)

150 g Kürbis, in Weißwein gekocht und püriert

100 g Zucker

7 Blatt Gelatine

10 ml Zitronensaft

500 ml süße Sahne, geschlagen

Kernöleis

250 ml süße Sahne

250 ml Milch

80 g Zucker

4 Eigelbe

2 Eier

25 g Kernöl aus der Steiermark

Kumquatragout

320 g Kumquats

500 ml Wasser

250 g Zucker

1 Lorbeerblatt

1 Vanillestange

2 Sternanis

1 Zimtstange

4 Nelken

1 Thymianzweig

Zubereitungsdauer

1 Tag plus 8 Stunden

Zubereitung

Für den Joghurt-Kürbis-Schaum den Joghurt mit dem Kürbispüree und dem Zucker verrühren. Die Gelatine in kaltem Wasser einweichen, den Zitronensaft erwärmen. Die eingeweichte Gelatine ausdrücken, im erwärmten Zitronensaft auflösen und unter die Joghurt-Kürbis-Masse rühren. Dann die geschlagene Sahne unterheben, alles in kleine Souffléförmchen füllen und durchkühlen lassen.

Für das Kernöleis die Sahne zusammen mit der Milch und dem Zucker aufkochen. Die Eigelbe und die Eier sehr vorsichtig unter ständigem Rühren zugeben und so lange weiter rühren, bis eine cremige Masse entsteht. Dabei darauf achten, dass diese nicht heißer als 80 °C wird, damit das Eigelb nicht gerinnt. Nun die heiße Creme durch ein feines Sieb passieren und anschließend das Kernöl mit einem Stabmixer nach und nach einmontieren. Die fertige Eismasse abkühlen und in einer Eismaschine cremig frieren.

Für das Kumquatragout die Kumquats waschen und in Scheiben schneiden. Das Wasser zusammen mit dem Zucker und den Gewürzen aufkochen und über die Kumquatscheiben gießen.

Zum Anrichten den Joghurt-Kürbis-Schaum auf die Teller geben, das Kumquatragout anlegen und eine Nocke Eis dazugeben.

HIMBEERCREME

Zutaten

100 g Zucker
300 g Himbeeren, tief gekühlt
200 g frische Himbeeren
1 Zitrone, Saft
3 Blatt Gelatine
350 ml süße Sahne

Zubereitungsdauer

4 Stunden

Zubereitung

Den Zucker zusammen mit den gefrorenen Himbeeren ca. 10 Minuten einkochen, anschließend durch ein Sieb passieren. Die Gelatine in kaltem Wasser einweichen, ausdrücken und dazugeben. Die Masse abkühlen lassen. Die frischen Himbeeren vorsichtig putzen, waschen und mit der abgekühlten Masse vermengen. Die Sahne leicht anschlagen und unterheben. Die Himbeercreme im Kühlschrank ca. 3 Stunden stocken lassen.
Zum Anrichten schöne Nocken formen und auf den Tellern platzieren.

PANNA COTTA

Zutaten

500 ml süße Sahne
1 Vanilleschote
70 g Zucker
1 unbehandelte Zitrone, Abrieb
2 Blatt Gelatine

Zubereitungsdauer

3 Stunden

Zubereitung

Die Sahne zusammen mit der Vanilleschote, dem Zucker und dem Zitronenabrieb aufkochen. Die Gelatine in kaltem Wasser einweichen, ausdrücken und in die heiße Sahne geben. Das Ganze abkühlen lassen, dabei immer wieder umrühren, damit sich die Vanille und der Abrieb der Zitrone nicht am Boden absetzen. Zum Schluss die Masse in die gewünschten Formen füllen und erkalten lassen.
Zum Anrichten die Panna Cotta in schöne Schalen geben und nach Belieben mit Früchten oder Fruchtsaucen servieren.

TOBLERONEMOUSSE MIT PORTWEINFEIGEN

Zubereitungsdauer

5 Stunden

Zutaten

125 g weiße Toblerone
2 Eier
15 g Zucker
20 ml Meyer's Rum
2 Blatt Gelatine
250 ml süße Sahne
Portwein-Feigen (Grundrezept S. 77, bei der Zubereitung das Senfpulver weglassen)

Zubereitung

Die Toblerone auf dem Wasserbad leicht schmelzen. Die Eier zusammen mit dem Zucker schaumig schlagen. Den Rum erwärmen. Die Gelatine in kaltem Wasser einweichen, ausdrücken, in dem erwärmten Rum auflösen und in den Eischaum einrühren. Nun die leicht geschmolzene Toblerone zugeben, die Sahne leicht anschlagen und unterheben. Die Masse in eine Schale geben und ca. 3 Stunden im Kühlschrank durchkühlen.

Zum Anrichten die Mousse mit zwei Esslöffeln zu Nocken formen und zusammen mit den Feigen auf einem Teller platzieren.

CREMIGES VANILLEEIS MIT HEISSEN HIMBEEREN

Zutaten

Vanilleeis

260 ml Milch
260 ml süße Sahne
160 g Zucker
1 Vanilleschote, Mark
6 Eigelbe

Himbeersauce

500 g Himbeeren
50 g Zucker
10 ml Zitronensaft

Zubereitungsdauer

2 Stunden

Zubereitung

Für das Vanilleeis die Sahne zusammen mit der Milch, dem Zucker und dem Vanillemark aufkochen. Die Eigelbe auf heißem Wasserdampf schaumig rühren und die heiße Milchsahne zügig hineinrühren. Die Masse durch ein feines Sieb passieren, abkühlen lassen und in der Maschine cremig frieren.

Für die Himbeersauce die Himbeeren vorsichtig putzen und waschen. 250 g Himbeeren zusammen mit Zucker und Zitronensaft so lange leicht kochen, bis die Beeren ihre Struktur verloren haben, und dann kurz mixen.

Zum Anrichten die restlichen Himbeeren auf den Tellern verteilen, die warme Sauce darübergeben und je eine Nocke Eis daraufsetzen.

TOPFENSCHMARRN MIT ZWETSCHGENRÖSTER

Zutaten

Zwetschgenröster

250 g Zwetschgen
100 g Zucker
100 ml Portwein
100 ml Crème de Cassis
1 Zimtstange
1 Vanilleschote

Topfenschmarrn

200 g Topfen, Magerstufe (Quark)
100 g saure Sahne
1 Vanilleschote, Mark
1 unbehandelte Zitrone, Abrieb
70 ml süße Sahne
3 Eigelbe
3 EL Mehl
3 Eiweiße
60 g Zucker
Salz
20 g Butter

Außerdem

Zucker zum Bestreuen

Zubereitungsdauer

2 Stunden

Zubereitung

Für den Röster den Ofen auf 190 °C Umluft vorheizen. Die Zwetschgen waschen, entsteinen und vierteln. Die Zwetschgenviertel mit Zucker, Portwein, Crème de Cassis, der Zimtstange und der Vanilleschote mischen und das Ganze in eine Auflaufform geben. Diese mit Aluminiumfolie abdecken und die Zwetschgenmischung im Ofen ca. 12 min dünsten. Sie danach aus dem Ofen nehmen und beiseitestellen. Den Ofen weiter auf 220 °C vorheizen.

Für dem Topfenschmarrn den Quark mit der sauren Sahne, dem Vanillemark, dem Zitronenabrieb, der süßen Sahne, den Eigelben und dem Mehl in einer Schüssel glatt rühren. Nun die Eiweiße zusammen mit einer Prise Salz steif schlagen, dabei den Zucker nach und nach einrieseln lassen. Die Topfenmasse auf den Eischnee geben und vorsichtig unterheben. Die Butter in einer beschichteten Pfanne zergehen lassen, dann die Topfenmasse zugeben. Das Ganze kurz auf dem Herd anbacken und 20 Minuten in der Pfanne in den auf 220 °C vorgeheizten Ofen geben.

Zum Anrichten den Topfenschmarrn in der Pfanne mit zwei Esslöffeln zerreißen. Den Schmarrn mit Zucker bestreuen und auf vorgewärmten Tellern zusammen mit dem Zwetschgenröster servieren.

Zutaten

Orangenparfait

2 Eier
2 Eigelbe
100 g Zucker
1 unbehandelte Orange, Abrieb
2 Blatt Gelatine
Eiswasser
50 ml Grand Manier
300 ml süße Sahne, geschlagen

Orangensalat

10 Orangen
125 g Zucker
200 ml Orangensaft, frisch gepresst
1 Anisstern
1 Zitrone
1 Zimtstange
1 Vanilleschote
1 Lorbeerblatt
5 Nelken
20 ml Cointreau

Sabayon au Orange

1 Orange, Saft
60 g Zucker
60 ml Weißwein
70 ml Grand Manier
4 Eigelbe

Zubereitungsdauer

8 Stunden

Zubereitung

Für das Parfait die Eier zusammen mit den Eigelben, dem Zucker und dem Orangenabrieb in einer Rührschüssel über Wasserdampf warm aufschlagen, sodass sich der Zucker mit den Eiern binden kann und die Masse eine sämige Konsistenz erhält. Die Gelatine in kaltem Wasser einweichen, ausdrücken und in die warme Eimasse geben. Diese nun auf Eiswasser kalt schlagen, um Volumen zu erhalten. Schließlich den Grand Manier zugeben, die Sahne anschlagen und vorsichtig unterheben. Die Masse in die Schokoladenformen füllen und einfrieren.

Für den Orangensalat 10 Orangen schälen und die Filets mit einem scharfen Messer herausschneiden. Für den Sud den Orangensaft zusammen mit den Gewürzen und dem Cointreau aufkochen. Das Ganze etwas reduzieren und die Reduktion über die Orangenfilets geben. Diese ca. 1 Stunde ziehen lassen.

Für die Sabayon alle Zutaten in eine Rührschüssel geben und mit einem Schneebesen über Wasserdampf schaumig schlagen.

Zum Anrichten den Orangensalat und die Sabayon gemeinsam auf die Teller geben. Die Parfaits vorsichtig vom Backpapier lösen und daneben platzieren.

CRÈME BRULÉE

Zutaten
750 ml süße Sahne
250 ml Milch
1 Vanilleschote
150 g Zucker
12 Eigelbe
4 TL brauner Zucker

Zubereitungsdauer
2 Stunden

Zubereitung
Die Sahne zusammen mit der Milch und der Vanilleschote aufkochen. Den Zucker und die Eigelbe miteinander verrühren und hinzugeben. Die Masse durch ein Sieb passieren, in kleine Schalen füllen und diese in ein tiefes Blech mit Wasser stellen. Das Ganze im Ofen bei 160 °C ca. 1,5 Stunden stocken lassen. Die Crème ist fertig, wenn sie eine leicht gelbe Farbe angenommen hat.
Zum Anrichten die Crème mit braunem Zucker bestreuen und mit einem Gasbrenner karamellisieren.

FLÜSSIGER SCHOKOLADENKUCHEN

Zutaten
100 g dunkle Kuvertüre 54%
100 g Butter, weich
2 Eier
75 g Zucker
75 g Mehl, gesiebt
10 g Kakaopulver
4 g Backpulver

Außerdem
Butter für die Förmchen
Puderzucker zum Bestreuen
Vanillesauce (Grundrezept siehe S. 76)

Zubereitungsdauer
1 Tag plus 1,5 Stunden

Zubereitung
Die Kuvertüre und die Butter separat über dem Wasserbad auflösen. Die Eier zusammen mit dem Zucker mit einem Handrührgerät schaumig rühren. Die Kuvertüre mit der flüssigen Butter langsam verrühren und alles auf die Zucker-Ei-Masse geben. Zum Schluss das Mehl, den Kakao und das Backpulver unterheben. Die Förmchen buttern und die Masse einfüllen. Sie dann am besten über Nacht im Kühlschrank ruhen lassen.
Am Tag der Zubereitung den Ofen auf 240 °C vorheizen. Den Kuchen im Ofen etwa 9 bis 11 Minuten backen, sodass er im Kern schön flüssig ist.
Zum Anrichten den Kuchen auf einen Teller stürzen und mit Puderzucker bestreuen. Dazu die Vanillesauce reichen.

IMPRESSUM

www.collection-rolf-heyne.de

Foodfotografie: Luzia Ellert
Fotografie Porträts und Stills: Rainer Herrmann
Text: Ingo Swoboda
Innenlayout und Buchgestaltung: Hauptmann & Kompanie, München – Zürich, David Hauptmann
Coverillustration und Vor-/Nachsatzillustration: Tatjana Hauptmann
Rezeptredaktion und Rezeptsatz: Barbara Rusch, München
Lithografie: Lorenz & Zeller, Inning am Ammersee
Druck und Bindung: Printer Trento, Trento
Printed in Italy.

ISBN 978-3-89910-376-2